Klick! 2

Arbeitslehre/ Wirtschaft

Erarbeitet von
Christine Fink
Dr. Oliver Fink
Peter Pigulla
und Silke Weise

Cornelsen

Inhaltsverzeichnis

Liebe Schülerin, lieber Schüler,

diese Zeichen findest du vor den Aufgaben.
Sie bedeuten:

Klassengespräch	Sehen	Schreiben
Partnerarbeit	Lesen	Handeln
Gruppenarbeit	Sprechen	Mit dem PC arbeiten

Ämter und Behörden – hier kenn ich mich aus!

Chris

Ich werde bald 16 Jahre alt.
Ich brauche einen Personalausweis.

Samira

Ich habe eine Zusage für eine Ausbildungsstelle bekommen.
Ich brauche dazu noch einige Unterlagen.

Tamara

Ich habe Ärger mit meinem Vermieter und suche eine Beratungsstelle auf.

Jenny

Ahmed

Wir haben unsere Ausbildung beendet und finden keine Arbeitsstelle.

1 Die Jugendlichen haben alle eine wichtige Angelegenheit zu erledigen. Bei welchem Amt oder welcher Behörde können sie es tun?

Wusstest du das schon?

Jugendliche ab 16 Jahren haben neue Rechte und Pflichten. Ab 16 Jahren ist man verpflichtet, einen gültigen Personalausweis (oder Reisepass) zu haben. Wenn sie einen Ausbildungsplatz oder einen Arbeitsplatz bekommen, müssen sie die Unterlagen besorgen, die vom Arbeitgeber verlangt werden. Dazu gehört zum Beispiel eine Lohnsteuerkarte. Jugendliche ohne Ausbildungsplatz oder mit einer abgebrochenen Ausbildung, wenden sich an die Agentur für Arbeit. Viele „amtliche Angelegenheiten" könnt ihr schon allein erledigen.

2 Welche „amtliche Angelegenheit" habt ihr schon allein erledigt? Was musstet ihr dabei beachten? Erzählt.

In Städten gibt es Bezirksämter oder Bürgerämter.
In ländlichen Gebieten gibt es Gemeinde- oder Kreisverwaltungen.
Hier könnt ihr vieles erledigen.

Rund um deine Person	Du beantragst oder verlängerst hier den Reisepass oder den Personalausweis. Hier kannst du Hilfe zum Lebensunterhalt (SGB II), Elterngeld und Kindergeld beantragen.
Rund um die Wohnung	Wenn du in eine neue Wohnung ziehst, meldest du hier den neuen Wohnsitz an. Hier beantragst du Wohngeld.
Rund um die Arbeit	Für eine neue Arbeitsstelle braucht man oft ein Führungszeugnis. Dies kannst du hier beantragen. Die Lohnsteuerkarte für die Arbeitsstelle bekommst du auch hier oder beim zuständigen Finanzamt. Zeugniskopien können hier beglaubigt werden.

Einwohnermeldeamt

Finanzamt

Gesundheitsamt

Wohnungsamt

Zulassungsstelle/Ordnungsamt

3 Wo könnt ihr was erledigen?
Wie ist es in eurer Stadt oder Gemeinde geregelt?

Darum geht es ...

In diesem Kapitel wirst du Ämter und Einrichtungen kennen lernen. Du lernst, wie du dich auf Gespräche mit Sachbearbeitern vorbereiten kannst. Du wirst einen Lebensordner anlegen, in dem du alle wichtigen Unterlagen sammeln und sortieren kannst, die du für die Ämter und Einrichtungen benötigst.

Aktion Einen Lebensordner anlegen

Bisher haben deine Eltern alle wichtigen Papiere für dich gesammelt. Jetzt ist es deine Aufgabe. Wichtige Papiere, Briefe, Bescheinigungen, Formulare kannst du in einem Ordner sammeln und ablegen.

In deinem Lebensordner kannst du alle Papiere sammeln, die

- mit deiner Person,
- mit deiner Schule,
- mit deiner Berufsausbildung,
- mit deinem Geld,
- mit den Versicherungen,
- mit deiner Wohnung,
- mit deiner Freizeit zu tun haben.

Du brauchst für deinen Lebensordner Folgendes:

- einen Aktenordner

- 12 Trennblätter mit Register

- 10 Klarsichthüllen

- linierte Blätter

Persönliche Daten
Schule
Arbeit
Bank/Geld
Fahrzeug
Freizeit
Kaufbelege
Versicherung
Wehrdienst/Zivildienst
Wohnung
Beratungsstellen

1 Besorge die Materialien für den Lebensordner.

So kannst du einen Ordner anlegen.

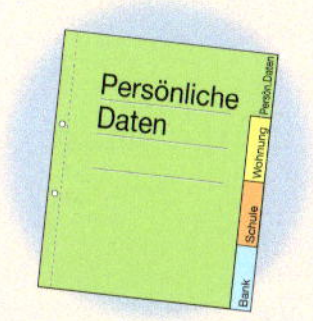

1. Zuerst musst du deinen Ordner vorbereiten. Du nimmst die Registertrennblätter und schreibst in Schönschrift die Begriffe der Randspalte auf die einzelnen Randkästchen.

2. Auf ein liniertes Blatt schreibst du das Inhaltsverzeichnis deines Ordners. Die Reihenfolge ist die gleiche wie die auf der Randspalte. Das Inhaltsverzeichnis heftest du vor der ersten Registerseite ein.

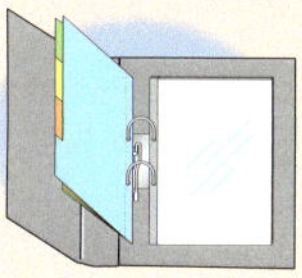

3. Hefte die Klarsichthüllen ganz hinten ein. Diese brauchst du für alle Unterlagen, die du nicht lochen darfst, z. B. für Zeugnisse.

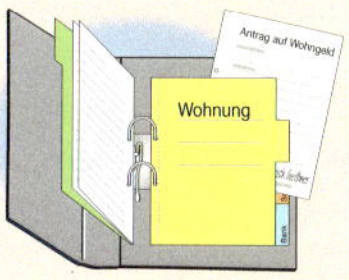

4. Nun beginnst du die Unterlagen und Informationen einzuordnen, die du jetzt schon hast. In diesem Kapitel lernst du noch weitere wichtige Adressen und Unterlagen kennen, die du auch einheften kannst.

Was gehört wohin?
Hier findest du Beispiele, die dir helfen können:

Kopie deiner Geburtsurkunde	➜ Persönliche Daten
Kopien der Zeugnisse	➜ Schule
Briefe von der Arbeitsagentur	➜ Arbeit
Kaufbeleg vom Fernseher	➜ Kaufbelege
Fahrzeugbrief vom Motorroller	➜ Fahrzeug
Kontoauszug	➜ Bank/Geld
Wohngeldantrag	➜ Wohnung
Mitgliedsausweis Sportverein	➜ Freizeit

2 Welche Unterlagen für den Lebensordner hast du bereits?
Ordne deine Unterlagen in den Ordner ein.

Einen Personalausweis beantragen

Chris ist 16 Jahre alt geworden.

Der Personalausweis

Deutsche Staatsangehörige müssen ab Vollendung des 16. Lebensjahres einen gültigen Personalausweis oder einen gültigen Reisepass besitzen. Der Besitz beider Dokumente ist selbstverständlich zulässig. Der Personalausweis kann bei dem zuständigen Bürgeramt oder Einwohnermeldeamt beantragt werden, wo die Person wohnhaft ist. Der Ausweis ist zehn Jahre lang gültig, bei Beantragung vor Vollendung des 24. Lebensjahres sechs Jahre (§ 6 PAuswG).

Chris geht mit seinen Eltern ins Bürgeramt. Im Amt soll er einen Antrag für den Personalausweis ausfüllen. Da beide Eltern das Sorgerecht haben, müssen beide den Antrag unterschreiben. Er gibt ein Passbild ab. Für den Personalausweis muss er 22,– € zahlen. Wenn er einen Reisepass haben möchte, muss er einen Fingerabdruck abgeben. Ein Reisepass kostet 37,– €. Nach ca. 2–3 Wochen kann er seinen neuen Ausweis abholen.

1 Wer von euch hat schon einen Personalausweis?
Schaut nach, wann er beantragt wurde und bis wann er gültig ist.
Wie lange ist dein Personalausweis gültig?

Wichtige Unterlagen besorgen

Samira hat eine Zusage für eine Ausbildungsstelle bekommen.

Sehr geehrte Frau Yilmaz,

Sie haben sich bei uns auf die Ausbildungsstelle „Fachkraft in Systemgastronomie" beworben.

Wir möchten Ihnen mitteilen, dass Sie ab **01.09. 2012** bei uns im „Fit FOOD" Catering-Service einen Ausbildungsplatz bekommen haben.

Wir möchten Sie darauf hinweisen, dass Sie vor Beginn der Ausbildung folgende Unterlagen besorgen und uns zuschicken sollen:

- ein gültiges Führungszeugnis
- eine Lohnsteuerkarte für das aktuelle Jahr
- ein Zeugnis über die Belehrung zum Infektionsschutz

Ferner möchten wir Sie darauf hinweisen, dass Sie ein eigenes Girokonto besitzen und eine Krankenversicherung abschließen sollten.
Falls Sie für Ihre Ausbildungsstelle umziehen müssen, unterstützen wir Sie mit einem Zuschuss zu den Umzugskosten.

Mit besten Grüßen

Angelika Walter
Fit FOOD Catering Service
Personalabteilung

1 Was muss Samira alles vor dem Beginn der Ausbildung erledigen? Welche Unterlagen muss sie besorgen?

2 Was kann wo besorgt werden?
Suche die passenden Begriffe aus der Tabelle und schreibe sie auf.

Was?	Wo?
Führungszeugnis	Finanzamt
Belehrung zum Infektionsschutz	Einwohnermeldeamt/Bürgeramt
Lohnsteuerkarte	Gesundheitsamt

Methode

Ein amtliches Gespräch vorbereiten und führen

Wenn du mit Ämtern, Behörden oder andere Einrichtungen zu tun hast, musst du mit den Mitarbeitern (Sachbearbeiter oder Berater) sprechen. Damit ein Gespräch sinnvoll verläuft, ist es wichtig, dich vorzubereiten.

Ein Telefongespräch

So kannst du dich auf ein Telefonat vorbereiten:

- **Telefonate mit Ämtern werden nicht vom Handy aus gemacht, wenn du gerade unterwegs bist.**
- **Führe solche Gespräche nur zu Hause.**
- **Suche dir einen ruhigen Raum, in dem du telefonieren kannst.**

Nimm dir deinen Lebensordner. Lege dir die Unterlagen heraus, die du für das Gespräch benötigst.

Lege dir einen Stift und Papier zurecht. Vielleicht musst du während des Gesprächs etwas aufschreiben.

Suche die benötigte Telefonnummer heraus und schreibe sie auf.

Rufe an. Grüße deinen Gesprächspartner. Stelle dich mit deinem vollständigen Namen vor. Nenne den Grund deines Anrufs. Das ist dein Anliegen. Stelle deine Fragen.

Ein Gespräch führen:
- die Begrüßung ✓
- die Vorstellung der eigenen Person ✓
- das Anliegen ✓
- die Fragen ✓
- die Verabschiedung ✓

Vielen Dank!
Auf Wiedersehen!

Vor Beendigung des Gesprächs bedanke dich für das Gespräch. Verabschiede dich.

1 Warum ist es wichtig, sich auf ein Gespräch vorzubereiten? Was kann passieren, wenn du dich nicht vorbereitest?

2 Übt ein Telefonat im Rollenspiel.

→ Ein Rollenspiel planen und durchführen S. 154

a) Wer sagt was? Schreibt die Sätze auf. Der Ablaufplan auf der linken Seite hilft euch dabei.
b) Übt das Gespräch ein.
c) Stellt euer Gespräch der Klasse vor.

Schüler A
Du machst ein Praktikum in einer Kantine und benötigst dafür eine Bescheinigung über die Belehrung zum Infektionsschutz vom Gesundheitsamt. Du möchtest einen Termin machen.

Schüler B
Du arbeitest im Gesundheitsamt und vergibst Termine. Du hast auch eine Übersicht, wann die Belehrungen stattfinden.

Auch ein persönliches Gespräch solltest du gut vorbereiten.

So kannst du vorgehen:

- Plane deinen Weg.
  - Wie kommst du zu dem Amt?
  - Wie lange dauert die Anfahrt?

  Plane einen Zeitpuffer von 30 Minuten ein, um nicht in Stress zu geraten.
- Suche dir angemessene Kleidung heraus. Saubere und gepflegte Kleidung macht einen guten Eindruck.
- Vergiss nicht, deinen Lebensordner mitzunehmen.

3 Übt ein amtliches Gespräch mit den folgenden Beispielen:

a) Du möchtest eine Lohnsteuerkarte haben. Du brauchst einen Termin beim Finanzamt. Wie gehst du vor?
b) Du bist umgezogen. Deine neue Wohnadresse musst du anmelden. Wo musst du hin? Wie gehst du vor?

Eine Versicherung abschließen

Samira hat sich bei einem Versicherungsberater einen Termin geben lassen. Sie möchte eine Krankenversicherung abschließen.

1 Lest das Gespräch in verteilten Rollen vor.

Guten Tag, mein Name ist Samira Yilmaz.

Guten Tag, Frau Yilmaz. Mein Name ist Bettina Stein. Was kann ich für Sie tun?

– Ich habe eine Ausbildungsstelle bekommen. In der Zusage steht, dass ich eine Krankenversicherung haben muss. Stimmt das?

– Zuerst herzlichen Glückwunsch, Frau Yilmaz! Sind sie jetzt bei Ihrer Familie versichert?

– Ja, wir haben eine Familienversicherung. Reicht denn das nicht?

– Bis zum 23. Lebensjahr können Sie bei der Familienversicherung bleiben. Aber nur dann, wenn Sie kein regelmäßiges Einkommen haben. Es kommt also darauf an, wie viel Sie während der Ausbildung verdienen.

– Ach, so! Jetzt verstehe ich. Da ich schon etwas verdiene, muss ich eine eigene Krankenversicherung haben, das ist cool!

– In der Tariftabelle steht, dass Sie im ersten Lehrjahr bereits 460 Euro im Monat verdienen werden. Über 400 Euro Verdienst brauchen Sie eine eigene Krankenversicherung.

– Aha. Und wozu brauche ich überhaupt eine Krankenversicherung?

– Eine Krankenversicherung zahlt Ihre Arztkosten und Arzneimittel. Wenn Sie länger krank sind, zahlt die Krankenversicherung weiter den Lohn und bei langer Krankheit ein Krankengeld für Sie.

– Ja, ich verstehe, also eine Krankenversicherung ist wirklich wichtig.

– Schön, Frau Yilmaz, dann bereite ich Ihnen die Formulare vor.

2 Samira hat die Krankenversicherung abgeschlossen.
Warum ist es wichtig, eine Krankenversicherung zu haben?

3 Wie hat Samira mit der Beraterin geredet?
Was war gut, was war nicht so passend?

Eine Beratungsstelle aufsuchen

Tamara wohnt in einer Mietwohnung. Sie hat ein Problem.
Sie lässt sich einen Termin für eine Mietrechtsberatung geben.

In meiner Wohnung ist seit 6 Wochen Schimmel. Ich habe es sofort gemeldet. Mein Vermieter hat noch nichts dazu gesagt und auch nichts getan.
Mein Freund meint, dass ich deswegen die Miete mindern kann, also weniger bezahlen muss. Wie mache ich das?

Beim Mieterschutzbund

→ Textknacker Umschlagklappe hinten

Tamara hat sich beim Bürgeramt erkundigt. Sie wollte eine Beratungsstelle für Mietrecht aufsuchen. Diese Beratung wird bei der Verbraucherzentrale und beim Mieterschutzbund angeboten. Eine einmalige Beratung bekommt sie ab 15,–€.

Der Berater prüfte Tamaras Mietvertrag. Er fragte Tamara, wann und wo der Schimmel in der Wohnung aufgetreten ist. Er stellte fest, dass eine Gesundheitsgefährdung vorliegt. Er rechnete aus, um wie viel Geld die Miete für die sechs Wochen gemindert werden kann. Er gab Tipps für Tamara beim Schreiben des Briefes an den Vermieter. Tamara konnte rückwirkend die Miete um 15 % mindern.

1 Wie ist Tamara vorgegangen? Ordne die Sätze und schreibe sie in der richtigen Reihenfolge auf.

- Sie ruft bei dem Mieterschutzbund an und bittet um einen Termin zur Rechtsberatung.
- Tamara schreibt einen Brief an ihren Vermieter.
- Sie sucht ihre Mietunterlagen heraus.
- Tamara nimmt den Termin der Rechtsberatung wahr.
- Tamara sucht sich die Telefonnummer vom Mieterschutzbund heraus.

2 Gib in die Suchmaschine „Verbraucherzentrale" oder „Mieterschutzbund" und deinen Wohnort ein. Schreibe die Telefonnummer, Adresse und Öffnungszeiten auf und hefte sie in deinem Lebensordner ab.

Ein Besuch bei der Agentur für Arbeit

Jenny und Ahmed wissen nicht, was sie nach der Schule machen sollen. Jenny hat noch keine Ausbildungsstelle gefunden. Ahmed hat seine Ausbildung abgebrochen und ist jetzt ratlos.

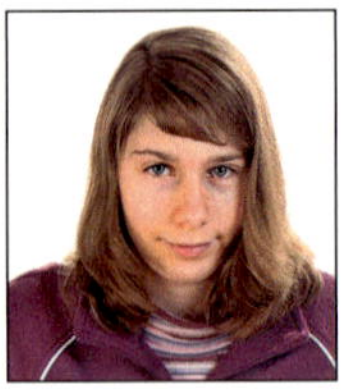

Ich habe die Schule beendet und finde einfach keinen Ausbildungsplatz. Was soll ich nun machen?

Ich habe meine Ausbildung abgebrochen und weiß nicht, wie es weitergehen soll.

Wenn du … nicht weißt, was du beruflich machen willst, eine Ausbildungsstelle suchst, deine Ausbildung abbrichst, keine Arbeitsstelle findest oder deinen Arbeitsplatz verlierst, hilft dir die Agentur für Arbeit.

Jenny und Ahmed wollen sich informieren, wie die Berufsberater ihnen helfen können. Im Internet unter „Agentur für Arbeit" und ihrem Wohnort erfahren sie, dass sie einen Termin bekommen, indem sie sich online anmelden oder wenn sie beim Call-Center anrufen. Die Berufsberater der Agentur führen Berufseignungstests und Beratungsgespräche durch.

1 Wer von euch war schon mal bei der Agentur für Arbeit? Was habt ihr dort erledigt?

Ein Besuch bei der Agentur für Arbeit

Jenny und Ahmed haben einen Termin bei einem Berufsberater der Agentur für Arbeit.

2 Lest das Gespräch laut vor.

Jenny, Ahmed	Herr Meyer, Berater
– Wir möchten uns erkundigen, was die Berater der Agentur machen.	Wir informieren, beraten und vermitteln Schulabgänger, Arbeitssuchende und Arbeitslose.
– Wie beraten Sie Schulabgänger?	Wir laden die Schüler zu Eignungstests ein. Danach empfehlen wir z. B. eine Berufsorientierungsmaßnahme oder den Hauptschulabschluss nachzumachen.
– Was ist, wenn wir eine Ausbildung machen möchten?	Dann beraten wir bei der Berufswahl. Wir können Betriebe nennen, wo sich die Schüler bewerben können. Wir helfen auch bei den Bewerbungen.
– Was ist, wenn wir nach der Ausbildung keinen Arbeitsplatz finden?	Sie müssen sich arbeitsuchend und arbeitslos melden. Sie haben dann Anspruch auf Arbeitslosengeld. Und wir vermitteln Sie an Betriebe.

3 Gib in die Suchmaschine „Agentur für Arbeit" und deinen Wohnort ein.
Schreibe die Adresse und Öffnungszeiten auf und hefte sie unter „Beratungsstellen" ab.

4 Schreibe die Telefonnummer des Call-Centers auf und hefte sie ab. (Deutschlandweit: 01801-555111)

Das kann ich!

1 Setze die Sätze richtig zusammen. Schreibe sie auf.

Alle meine wichtigen Unterlagen	einen Personalausweis beantragen.
Auf dem Bürgeramt kann ich	sammle ich im Lebensordner.
Für einen neuen Personalausweis	lege ich den Lebensordner bereit.
Wenn ich mit einem Amt telefoniere,	muss ich eine Gebühr bezahlen.
Zu einem persönlichen Gespräch	muss ich eine Krankenversicherung abschließen.
Wenn ich eine Arbeitsstelle habe,	komme ich pünktlich.
Beim Arbeitsamt werde ich beraten	wende ich mich an die Rechtsberatung.
Wenn ich im Privatleben Rechtsfragen habe,	und in Arbeit vermittelt.

2 Ordne die Aufgaben den Ämtern zu und schreibe sie auf. Mehrere Zuordnungen sind möglich.

Gesundheitsamt | Agentur für Arbeit | Einwohnermeldeamt | Verbraucherzentrale

Personalausweis/Reisepass | Führungszeugnis | Meldung als Arbeitssuchender

Rechtsberatung (z. B. Mietrecht) | Meldung als Arbeitsloser | Suchtberatung

Gesundheitszeugnis (Belehrung nach Infektionsschutzgesetz)

3 Wie bereitest du ein persönliches Gespräch im Arbeitsamt vor?
Schreibe die Sätze in der richtigen Reihenfolge auf.

- ❍ Ich suche die Telefonnummer heraus.
- ❍ Ich schaue auf dem Stadtplan nach und plane den Weg.
- ❍ Ich mache telefonisch einen Termin aus.
- ❍ Ich suche mir einen ruhigen Ort zum Telefonieren.
  Ich lege mir meine Unterlagen zurecht.
- ❍ Ich suche mir angemessene Kleidung heraus.

4 Termin beim Amt!
Etwas ist hier durcheinander geraten. Was ist falsch?

anklopfen – sich mit vollständigem Namen vorstellen – in den Raum treten – nach Aufforderung hinsetzen – dein Anliegen nennen – grüßen – sich verabschieden

5 Termin beim Amt – ein Rollenspiel!
Du hast bei der Agentur für Arbeit einen Termin gemacht.
Du möchtest dich arbeitsuchend melden.
Spielt zu zweit nach, wie ihr angemessen den Raum betretet und das Gespräch eröffnet.

Guten Tag. Mein Name ist ...
Ich möchte mich arbeitsuchend melden.

Guten Tag Frau/ Herr ...
Bitte setzen Sie sich.

6 In diesem Kapitel habt ihr viele Informationen erhalten, die für euer Leben als Erwachsener wichtig sind.
Überprüft, ob ihr alle Informationen und Unterlagen in euren Lebensordner richtig abgeheftet habt.

Alles rund um die Wohnung

Wohnen zu zweit

Wir sind nach der Ausbildung zusammengezogen. Es ist schön, wenn fast immer jemand zu Hause ist.

Aber manchmal streiten wir uns auch. Dann würden wir uns gern aus dem Weg gehen.

Wohnen in einer Wohngemeinschaft (WG)

Wenn ich mit jemandem reden möchte, gehe ich in die Küche oder klopfe bei einem anderen. Wenn ich allein sein will, bin ich in meinem Zimmer und mache die Tür zu.

Wir sind eine Wohngemeinschaft. Es ist viel billiger, mit mehreren Leuten zusammen eine große Wohnung zu mieten.

Wir haben uns manchmal zerstritten, wenn nicht gespült oder nicht geputzt war. Jetzt haben wir einen Plan, an den sich jeder hält.

Viele junge Menschen möchten von zu Hause ausziehen und sich eine eigene Wohnung suchen. Einige möchten mit ihrem Partner zusammenziehen, andere suchen eine Wohnmöglichkeit in einer WG.

1 Wie sieht es bei euch aus?
- Wie möchtet ihr später wohnen?
- Welche Wohnmöglichkeiten kennt ihr noch?

Allein wohnen

Ich wohne allein. Da habe ich meine Ruhe und muss auf niemanden Rücksicht nehmen. Aber ich musste mir alles selbst anschaffen. Das war am Anfang ganz schön teuer.

2 Welche Vorteile und Nachteile haben die verschiedenen Wohnformen? Stellt eine Tabelle auf.

	Vorteil	Nachteil
allein wohnen		
mit der Freundin/ dem Freund wohnen		
in einer WG wohnen		
(...)		

3 Stellt eure Ergebnisse der Klasse vor und sammelt sie an der Tafel.

Darum geht es ...

In diesem Kapitel geht es um die eigene Wohnung. Ihr werdet verschiedene Wohnformen kennen lernen und könnt euch überlegen, wie ihr gerne wohnen möchtet. Ihr werdet erfahren, ...

- **wo und wie man eine Wohnung findet,**
- **wie man sich auf freie Wohnungen bewirbt,**
- **was ein Mietvertrag ist und worauf man achten muss**
- **und welche Pflichten und Rechte man als Mieter hat.**

Vor der Wohnungssuche

Was kostet eine Wohnung wirklich?

**Manu träumt von einer eigenen Wohnung.
Am liebsten würde sie schon Möbel aussuchen.
Aber sie muss erst überlegen, ob sie sich das leisten kann.
Sie sucht eine Wohnung aus der Zeitung heraus.
Sie schreibt die Kosten auf.**

Miete	*480,- € monatlich*
Nebenkosten (Heizung, Wasser)	*120,- € monatlich*
Strom, Kabelanschluss, Telefon	*ca. 100,- € monatlich*
Kaution	*960,- € einmalig*

**Manus Lohn reicht nicht aus, um eine Wohnung zu finanzieren. Sie erkundigt sich beim Bürgeramt, ob sie Anspruch auf Wohngeld hat.
Dort erfährt sie, dass sie als Geringverdienerin Wohngeld erhalten kann. Außerdem kann sie Unterstützung für die erste Einrichtung der Wohnung beantragen.**

Vor der Wohnungssuche

1 Was muss Manu für die neue Wohnung kaufen? Seht euch diese Wohnungsskizze genau an.

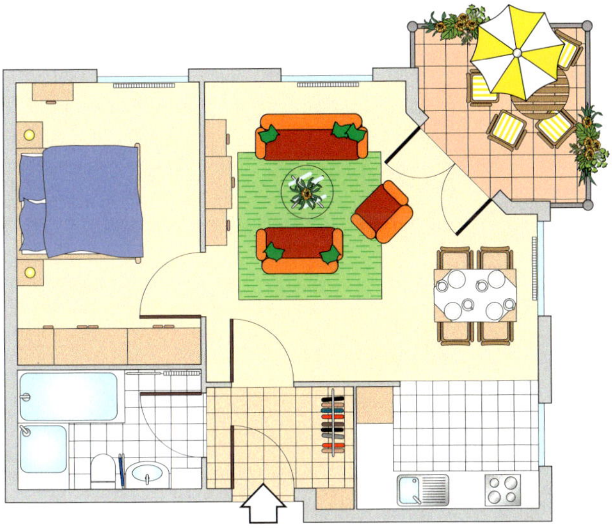

→ für das Bad,
für die Küche,
für das Schlafzimmer/
Wohnzimmer,
für den Balkon,
(...)

→ der Esstisch,
der Couchtisch,
der Teppich

die Couch,
die Lampe

das Bett,
das Regal

2 Erstellt eine Liste von Möbeln und Geräten, die Manu kaufen muss. Schreibt die Preise auf. Nehmt euch Zeitungsanzeigen oder Möbelprospekte zur Hilfe.

Raum	*Möbel/Gerät*	*Preis*
Küche	*Herd*	
	Küchenschrank	
(...)	*(...)*	

3 Wie teuer kann eine komplette Neueinrichtung sein? Tauscht eure Ergebnisse aus.

4 Wie könnte Manu bei der Einrichtung Geld sparen? Muss Manu alles auf einmal kaufen? Was ist dringend notwendig? Was könnte sie auch noch später kaufen?

5 Geht auf die Internetseite eures Bürgeramtes und sucht das Formular zum Antrag auf Wohngeld. Druckt das Formular aus und heftet es in eurem Lebensordner ab.

Wir suchen eine Wohnung

Manu hat diese Wohnungsanzeige im Internet gefunden. In Wohnungsanzeigen gibt es häufig Abkürzungen.

Ehrenfeld, 2-Zi, Kü, Bad, 45 m², 480,– € KM zzgl.NK, 2 KM Kaution, provisionsfrei. Centauer Verwaltungen, Tel. 0221-923561

Wichtige Begriffe für die Wohnungssuche

Wenn du eine Wohnung suchst, wirst du in Wohnungsanzeigen oft folgende Begriffe finden. **Kaltmiete** (KM) bedeutet: Miete ohne Nebenkosten wie Heizung und Wasser. In der „Warmmiete" (WM) sind diese Kosten enthalten. Dazu kommen Kosten für Strom, Telefon, Kabelanschluss und Rundfunk. **Provision** bedeutet eine Bezahlung an den Wohnungsvermittler oder Makler. Es muss nicht immer gezahlt werden, nur wenn es in der Anzeige steht. **Kaution** zahlt der Mieter zu Beginn der Mietzeit einmalig an den Vermieter. Das Geld behält der Vermieter als Sicherheit bei eventuellen Schäden. Wenn der Mieter auszieht und die Wohnung in Ordnung ist, erhält der Mieter die Kaution zurück.

1 Was bedeuten die Abkürzungen?
Was bedeuten die Begriffe?

zzgl.; KM, WM, NK, Kaution, provisionsfrei

2 Lies die Wohnungsanzeige oben noch einmal.
Beantworte danach folgende Fragen:
- Wie groß ist die Wohnung?
- Wie viel beträgt die Kaltmiete?
- Muss man eine Kaution bezahlen? Wenn ja, wie viel?
- Gibt es eine Provision?

Wir suchen eine Wohnung

Manu meldet sich auf die Wohnungsanzeige aus dem Internet.

Manu ruft bei der Hausverwaltung an und vereinbart einen Besichtigungstermin. Sie sucht sich auf dem Stadtplan den Weg zur Wohnung heraus und plant den Anfahrtsweg und die Zeit. Manu überlegt sich, welche Fragen sie an den Vermieter stellen möchte.

Manu ist pünktlich zu dem Termin da. Sie bringt ihre beste Freundin mit. Die Freundin soll ihr bei der Entscheidung helfen. Außerdem ist es wichtig, nicht allein zu kommen, um selbst vor Übergriffen geschützt zu sein. Zusammen mit anderen Interessenten schaut sie sich die Wohnung an.

Der Vermieter entscheidet sich für Manu und gibt ihr einen Mietvertrag mit. Manu schaut sich den Vertrag in Ruhe zu Hause an. Sie ist mit allem einverstanden, unterschreibt den Vertrag und schickt ihn dem Vermieter zu. Der Vermieter unterschreibt auch den Vertrag. Nun ist der Mietvertrag gültig.

3 Wie ist Manu vorgegangen? Schreibe es in ganzen Sätzen auf.

Manu hat sich Wohnungsanzeigen im Internet angesehen. Sie hat …

4 Welche Fragen sollte man bei einer Wohnungsbesichtigung stellen? Stellt eine Liste auf.

→ Pflichten, Renovierung, Vertragsfrist

Der Mietvertrag

Manu hat den Mietvertrag bekommen und ihn genau durchgelesen.

Mietvertrag

Zwischen

Name ......Centauer Verwaltungen, Dr. Maß..........

Adresse ......Grüner Weg 1, 50825 Köln..........

- Vermieter -

und

Name ......Manu Mayer, Siegfriedstraße 3..........

Adresse ......50678 Köln..........

- Mieter -

kommt nachfolgender Mietvertrag über Wohnraum zustande:

§1 Mieträume

Der Vermieter vermietet dem Mieter zu Wohnzwecken die im Hause ......Roßstraße 3 ...50823 Köln-Ehrenfeld.......... im ...2... Stock gelegene Wohnung (Nr ...5...) bestehend aus ...2... Zimmern, Küche, Diele, Bad/WC, (Kellerraum, Balkon, Terrasse, ...0.........). Die Wohn/Nutzfläche beträgt ca. ...45... Quadratmeter.

§2 Mietzins und Nebenkosten

Die monatliche Grundmiete beträgt ......480,–...... EUR

Neben der Miete trägt der Mieter die Betriebskosten i.S.d. Betriebskostenverordnung (Betr.KV s. Anlage 1)

Auf diese Betriebskosten ist eine monatliche Vorauszahlung von zu zahlen. ......120,–...... EUR

Insgesamt sind vom Mieter zu bezahlen: ......600,–...... EUR

§3 Benutzung der Mietsache

1. Der Mieter darf die angemieteten Räume zu anderen als zu Wohnzwecken nur mit Erlaubnis des Vermieters benutzen.
Eine Zustimmung des Vermieters ist ebenfalls erforderlich, wenn der Mieter an der Mietsache Um-, An-, und Einbauten, Installationen oder andere Veränderungen vornehmen will.

2. Die Haltung von Kleintieren ist dem Mieter ohne Zustimmung des Vermieters gestattet, soweit durch die Unterbringung in den Mieträumen eine Beeinträchtigung der Mietsache oder eine Belästigung von Hausbewohnern oder Nachbarn nicht gegeben ist.
Die Haltung von Hunden und Katzen sowie anderer als Tiere bedarf der Zustimmung des Vermieters. Die Zustimmung darf nur aus triftigem Grund verweigert werden. Sie gilt nur für den Einzelfall und kann widerrufen werden, wenn eine Belästigung der Nachbarn oder eine Beeinträchtigung der Mietsache eingetreten ist.

§4 Bagatellschäden/Kleinreparaturen

Die Kosten für die Reparatur von Bagatellschäden trägt der Mieter ohne Rücksicht auf ein Verschulden bis zu der nachfolgend angegebenen Höhe. Es handelt sich hierbei um die Instandhaltungskosten an denjenigen Gegenständen und Einrichtungen, die seinem direkten und häufigen Gebrauch unterliegen wie Installationseinrichtungen für Wasser, Strom, Gas, Heiz- und Kocheinrichtungen sowie Rollläden, Jalousien, Fensterläden und Markisen und Fenster und Türverschlüsse.

Die Obergrenze für eine Reparatur beträgt im Einzelfall 80,- EUR, maximal 320,- EUR zzgl. MwSt. im Jahr, aber nicht mehr als 8% der Jahresmiete (Kalt).

§5 Kündigung

1. Auf die Kündigung des Mietvertrags finden die Vorschriften der §§ 573 ff BGB Anwendung.
Die Kündigung hat in schriftlicher Form zu erfolgen.

2. Setzt der Mieter den Gebrauch der Mietsache fort, so gilt das Mietverhältnis nicht als verlängert. Die entsprechende Vorschrift des § 545 BGB findet insoweit keine Anwendung.

Der Mietvertrag muss diese Angaben haben:

- **Name und Adresse von Mieter und Vermieter**
- **Mietobjekt (Adresse, Größe in m², Stockwerk)**
- **Weitere Räume (Keller, Garage, Garten, Abstellplatz)**
- **Höhe der Miete**
- **Beginn des Mietverhältnisses**

1 Seht oben im Mietvertrag nach:
- Wie groß ist die Wohnung?
- Wie hoch ist die Kaltmiete?

2 Wie ist die Kündigung geregelt?

3 Manu hat einen Hund.
Darf sie den Hund in die neue Wohnung mitnehmen?

Die Hausordnung

Eine Hausordnung regelt das gemeinsame Leben aller Bewohner in einem Haus. Jeder soll sich wohl fühlen und Rücksicht auf die Bedürfnisse der Mitbewohner nehmen.

Hausordnung

1. Jeder Mieter sorgt dafür, dass zwischen 13 und 15 Uhr und zwischen 22 und 6 Uhr Ruhe im Haus ist.
2. Bei Feiern müssen die Mitbewohner rechtzeitig benachrichtigt werden.
3. Aus Sicherheitsgründen soll die Haustür zwischen 22 und 6 Uhr verschlossen sein.
4. Hauseingänge und Flure sind als Fluchtwege frei zu halten.
5. Haus und Grundstück sind sauber zu halten. Die Mieter sind abwechselnd nach einem Plan für die Reinigung und Pflege verantwortlich.
6. Das Grillen auf den Balkonen ist untersagt.
7. Der Müll muss getrennt werden und in die dafür vorgesehenen Sammel-Container geworfen werden.

1 Manu möchte zum Einzug eine Party veranstalten.
Worauf muss sie achten, damit die Hausordnung nicht verletzt wird?

2 Bilde sinnvolle Sätze aus den Satzhälften und schreibe sie auf.

1. Eine Woche vor der Party muss Manu …	… müssen sie leise sein im Treppenhaus.
2. Sie muss darauf achten, …	… dass ihre Gäste vor 22.00 Uhr da sind. Danach ist die Haustür zu.
3. Während der Party darf Manu …	… einen Aushang im Treppenhaus anhängen und die Party ankündigen.
4. Wenn ihre Gäste gehen, …	… soll Manu den Müll trennen und entsorgen.
5. Wenn die Party vorbei ist, …	… auf dem Balkon nicht grillen.

Die Pflichten und Rechte des Mieters

1 Muss Manu den Flur reinigen? Seht in der Hausordnung nach.

Als Mieter hat man Pflichten

Allgemeingültige Pflichten sind:

- Pünktliche Zahlung der Miete und der Nebenkosten
- Sorgfältiger Umgang mit der Wohnung/dem Haus
- Rücksicht nehmen auf die Mitbewohner/Nachbarn
- Schäden/Mängel müssen sofort gemeldet werden
- Einhaltung der Hausordnung

Andere Pflichten werden vom Vermieter festgelegt. Sie sind meist im Mietvertrag aufgeschrieben. Es kann zum Beispiel sein, dass die Treppenhausreinigung abwechselnd von den Mietern gemacht wird. Das Schneeräumen auf dem Bürgersteig kann genauso geregelt sein. Das Verstoßen gegen die Pflichten kann zur Kündigung führen.

2 Überlegt gemeinsam: Warum sind die Pflichten wichtig?
Was bedeutet „Rücksicht nehmen“?

3 Warum müssen Schäden sofort gemeldet werden?
An wen muss man sie melden?

4 Erkundigt euch bei euren Eltern/Großeltern/Freunden, welche Pflichten sie im Haus haben.

Die Pflichten und Rechte des Mieters

Der Mieter hat aber nicht nur Pflichten, sondern auch Rechte.

1 Lest die folgenden Beispiele.

Beim Mieterschutzverein

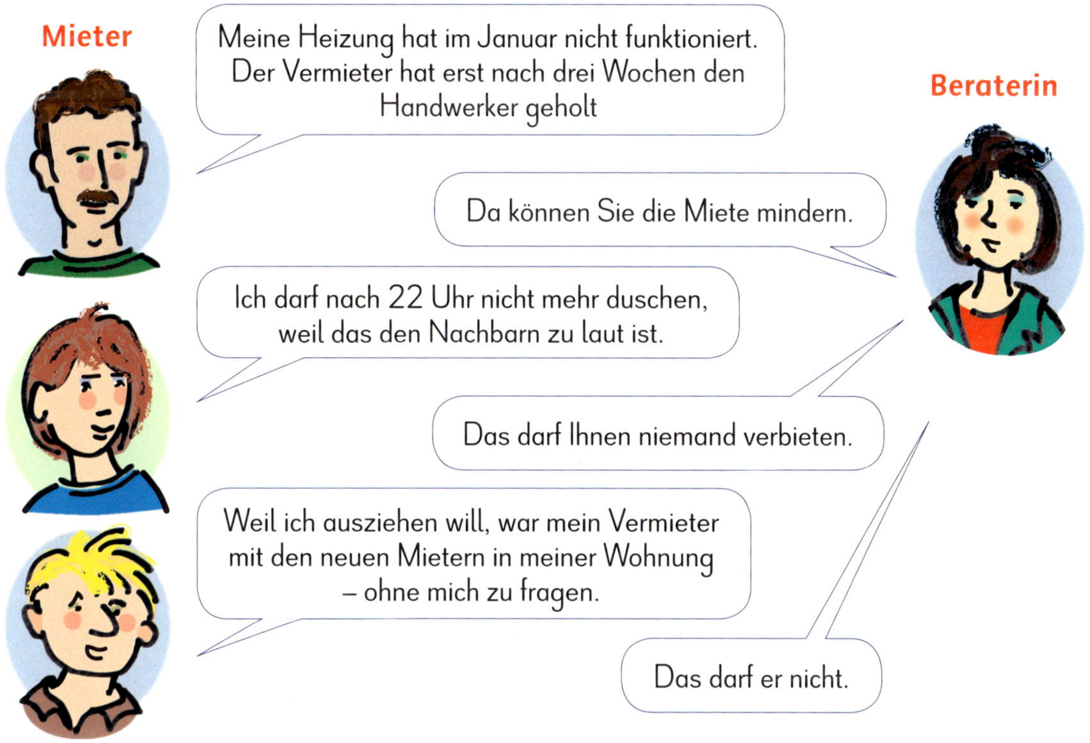

Es gibt viele Rechte und Regelungen, die den Mieter schützen. Diese Regelungen sind manchmal schwer zu verstehen. Deshalb ist es immer gut, sich an einen Mieterschutzverein zu wenden, wenn man sich nicht sicher ist.

Im Internet findet man einige Mieterschutzvereine. Auch die Verbraucherzentrale bietet Beratung an. Jede Beratung ist kostenpflichtig.

2 Gib in die Suchmaschine „Verbraucherzentrale“ und deinen Wohnort ein. Schreibe die Adresse auf. Hefte die Adresse in deinen Lebensordner ab.

Aktion

Wir renovieren!

Manu freut sich sehr über ihre neue Wohnung und möchte sie schön einrichten.

> Zwischen Vermieter und Mieter wird vereinbart, dass die Wohnung bei Beginn des Mietverhältnisses vom Mieter renoviert wird.

Vor der Renovierung

Manu hat es mit dem Vermieter vereinbart, dass sie vor dem Einzug die Wände neu streichen wird. Sie findet es gut, denn sie möchte einige Wände farbig haben. Sie möchte außerdem einen neuen Fußboden einlegen. Bei großen Erneuerungen muss sie aber den Vermieter fragen. Außerdem entscheidet der Vermieter, welche Veränderungen Manu selber machen darf oder welche ein Handwerker machen soll.

1 Warum muss ein Mieter bei Veränderungen in der Wohnung den Vermieter um Erlaubnis bitten?

Manu plant, die Wände im Flur zu streichen.
Sie muss wissen, wie viel Farbe sie benötigt.
Dazu muss sie die Größe der Wandflächen ausrechnen.

Sie misst jede Wand in Breite und Höhe aus. Sie schreibt sich alle Maße auf.	Breite: 3,40 m Höhe: 2,50 m
Sie berechnet die Quadratmeterzahl jeder Fläche (Wand).	$3{,}40\,m \cdot 2{,}50\,m = 8{,}50\,m^2$
Sie rechnet alle Flächen zusammen.	$8{,}50\,m^2 + 8{,}50\,m^2 + \ldots$
Sie hat nun errechnet, dass sie Farbe für $35\,m^2$ Wandflächen benötigt.	1 Liter Farbe reicht für ca. $7\,m^2$ Wandfläche

Wie viel Farbe braucht sie für $35\,m^2$?

Manu erstellt eine Einkaufsliste für den Baumarkt.
Außer der Farbe benötigt sie ...

- Folie (Abdeckplane)
- Klebeband
- Teleskopstange
- Abstreifgitter
- Flachpinsel
- Walzen (klein und groß)

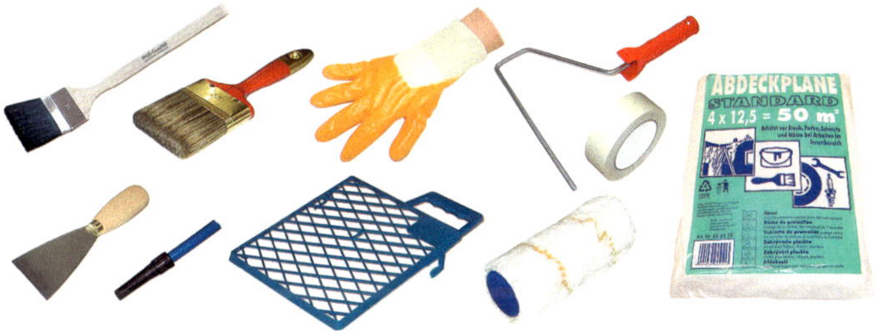

Jetzt geht's los mit der Renovierung!

Vor dem Streichen:

- Abkleben des Bodens, der Steckdosen und Schalter

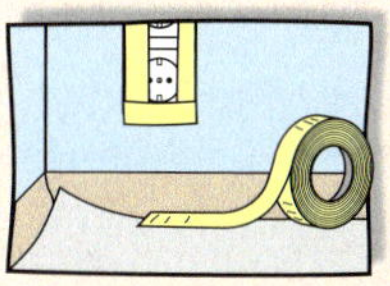

- Falls notwendig: Ausspachteln von Löchern in der Wand

- Vorstreichen der Ecken und um die Schalter/Stecker herum

- Streichen der Decke

- Streichen der Wände

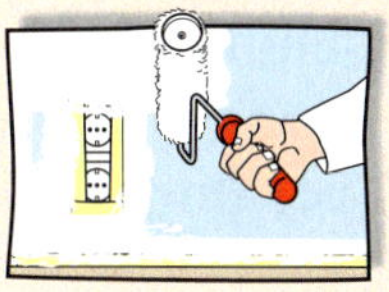

Nach dem Streichen:

- Trocknen lassen – mindestens 1 Tag

2 Wie ist Manu beim Streichen vorgegangen? Schreibe in ganzen Sätzen auf.

Ein Haustier – Grund zur Kündigung?

Für Kündigungen von Mietwohnungen gibt es Regeln und Gesetze. Diese Regeln schützen sowohl den Mieter als auch den Vermieter.

Manu hat eine Kündigung bekommen.

Centauer Verwaltungen
Grüner Weg 1
50825 Köln

An Frau
Manuela Mayer

23.06.2013

Sehr geehrte Frau Mayer,

hiermit kündige ich Ihnen den Mietvertrag für die Wohnung in der Siegfriedstr. 3 zum 01.10.2013.

Die Kündigung begründe ich mit dem Verstoß gegen die Hausordnung. Sie erhielten drei schriftliche Ermahnungen, da Sie entgegen der Hausordnung einen Hund in der Wohnung halten.

Mit freundlichem Gruß
W. Maß

Wenn ein Vermieter kündigt, ist es immer sinnvoll, sich bei einem Mieterschutzverein zu informieren, ob die Kündigung rechtens ist. Denn der Mieter wird vor ungerechten Kündigungen geschützt.

1 Gib in die Suchmaschine „Mieterschutz" ein.
Welche Verbände bieten Beratung an? Schreibe sie auf.

2 Manu und der Vermieter konnten sich schließlich doch einigen.
Manu darf in der Wohnung bleiben, sie muss aber ihren Hund abgeben.
Was würdet ihr machen? Diskutiert darüber in der Klasse.

Das kann ich!

1 Bilde Sätze und schreibe sie vollständig auf.

In einer Wohngemeinschaft wohnen …	… unterschrieben werden.
Der Mietvertrag muss immer …	… den Mieter.
Der Kündigungsschutz schützt …	… zwei oder mehrere Menschen zusammen.

2 Wie gehst du bei einer Wohnungssuche vor?
Schreibe in ganzen Sätzen. Diese Wörter helfen dir dabei.

Internet/Zeitung → Termin → Anfahrtsweg → Fragen → pünktlich sein → Mietvertrag

3 Erkläre mit eigenen Worten, warum es Hausordnungen gibt.

Hausordnungen sind dafür da, dass …

4 Schreibe die Sätze richtig auf.
Ein Mieter muss außer der Miete auch die [redacted] bezahlen.
Im Mietvertrag wird festgelegt, wann die Wohnung [redacted] werden muss.
Im Mietvertrag muss immer die Höhe der [redacted] stehen.

→ Nebenkosten/Nebensachen
reserviert/renoviert
Miete/Wände

Mobil sein – ist alles?!

Ich habe meine Monatskarte für den öffentlichen Stadtverkehr. Mit dem Bus und mit der Stadtbahn komme ich überall gut hin. Ein Auto brauche ich eigentlich nicht.

Ich wohne in einem Dorf. Bei uns gibt es nur zwei Bushaltestellen und der Bus fährt nur dreimal am Tag in die nächste Stadt. Deshalb fahren bei uns fast alle mit dem Auto. Für kürzere Strecken nehme ich mein Fahrrad, aber in zwei Jahren möchte ich auch den Führerschein fürs Auto machen.

Mein Traum ist schon lange ein eigener Motorroller! Damit kann ich überall hinfahren, muss ich nie wieder meine Eltern bitten, mich mit dem Auto mitzunehmen. Rollerfahren ist cool und macht voll Spaß!

Wie gut, dass es den Mobilitätsdienst gibt. Sonst wüsste ich nicht, wie ich in die Schule oder später in das BBW kommen soll. Auch bei der letzten Klassenfahrt waren wir mit dem Minibus unterwegs. Dieser Kleinbus ist auch für Rollstuhlfahrer geeignet.

1 a) Wie/womit kommst du in die Schule?
b) Wie/womit kannst du später zu deiner Ausbildungsstelle fahren?

2 Für wen ist es sinnvoll, ein eigenes Auto oder ein Motorrad anzuschaffen? Wovon hängt es ab?

3 Warum ist es wichtig, mobil zu sein? Sprecht darüber in der Klasse.

Lenny ist gerade 16 geworden und hat den Mofa-Führerschein gemacht. Er ist bisher mit dem Fahrrad zur Schule gefahren. Jetzt fährt er mit seinem neuen Motorroller. Auch abends fährt er oft mit seinen Kumpeln durch die Gegend.

Mirjam ist 17 Jahre alt. Sie macht eine Berufs-orientierungsmaßnahme in einer Jugendwerkstatt. Die Werkstatt liegt weit weg von ihrem Wohnort. Sie muss morgens um 6 Uhr losfahren, weil sie mit dem Bus fährt und zweimal umsteigen muss.

4 Wer von den beiden braucht mehr ein eigenes Fahrzeug? Diskutiert darüber in der Klasse.

In einem Cluster könnt ihr eure Gedanken zum Thema Mobilität sammeln.

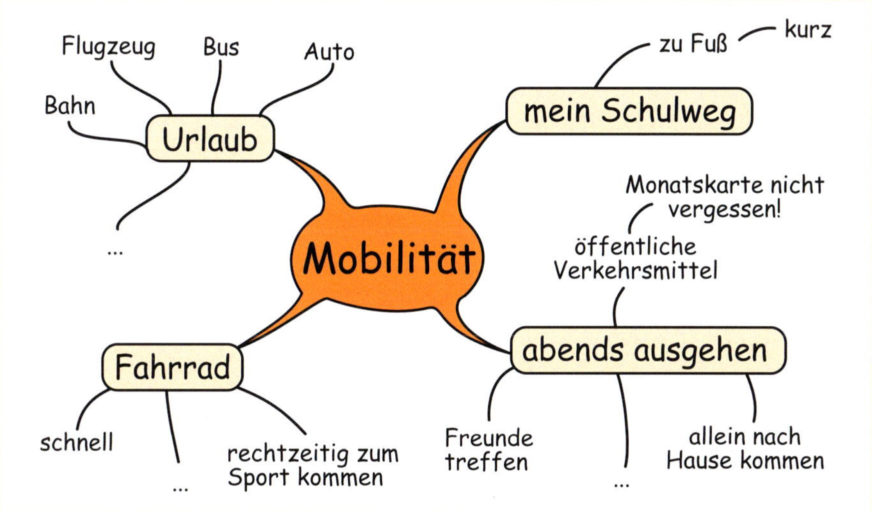

Darum geht es ...

**In diesem Kapitel erfahrt ihr viel rund um das Thema Fahrzeug.
Ihr erfahrt, ab wann ihr ein Fahrzeug kaufen dürft.
Ihr werdet lernen, auf welche Dinge man beim Kauf achten muss.
Ihr werdet verschiedene Versicherungen und Steuern für Fahrzeuge kennen lernen und errechnen, was ein Fahrzeug auf die Dauer kostet.**

Immer auf Achse! – in der Großstadt

Lenny lebt in einer Großstadt.

Ich wohne in einer Wohnsiedlung am Stadtrand. Zur Schule muss ich nicht weit fahren. Ich muss nur 2 Stationen mit der S-Bahn fahren. Meine Eltern arbeiten im Stadtzentrum. Das ist weit. Die Fahrt in das Stadtzentrum dauert fast 1 Stunde mit den öffentlichen Verkehrsmitteln. Wir haben alle eine Monatskarte. Auch ich fahre am Wochenende oft in das Stadtzentrum. Dort gibt es tolle Kinos und Jugendklubs, wo ich mich mit meinen Kumpeln treffen kann.

Ein Motorroller wäre schon cool. Dann bin ich immer auf Achse! Egal ob zur Schule oder am Wochenende in die Stadt, ich könnte mit meinem Roller überall hinfahren. Bei uns im Umland gibt es auch tolle Ausflugsorte: der Badesee, der Kletterpark im Wald – mit dem Motorroller könnte ich ganz schnell da sein. Das wäre echt toll!

1 Was habt ihr über Lenny erfahren?
- Wo lebt er?
- Wozu braucht er ein eigenes Fahrzeug?

2 Welche Möglichkeiten gibt es in der Großstadt, unterwegs zu sein?

3 Warum ist es wichtig, „mobil zu sein"? Nennt Beispiele.

4 Es gibt viele Menschen, die ein Auto ablehnen und lieber mit öffentlichen Verkehrsmitteln fahren. Was meint ihr, warum?

Unterwegs auf dem Lande

Mirjam lebt in einer Gemeinde auf dem Lande.

Ich wohne in einem Reihenhaus mit Garten. Zur Schule muss ich ziemlich weit fahren. Uns holt immer der Schulbus ab und bringt uns nachmittags auch wieder nach Hause. Meine Mutter arbeitet in der Nähe in einer Bäckerei. Sie fährt jeden Tag mit dem Fahrrad dorthin. Mein Vater muss jeden Tag mit dem Auto in die Stadt, er arbeitet dort in einer Lagerhalle. Ich fahre auch gerne in die Stadt. Wir treffen uns oft dort mit meinen Freundinnen.

Ohne Auto wäre es bei uns fast unmöglich, zurechtzukommen. Der Bus fährt nur dreimal am Tag unsere Gemeinde an. Einen eigenen Bahnhof haben wir nicht. Wenn wir in das nächste Einkaufszentrum wollen, kommen wir nur mit dem Auto dorthin. Ich fahre in meiner Freizeit gerne Fahrrad. Aber später für meine Berufsausbildung möchte ich ein eigenes Auto.

5 Was habt ihr über Mirjam erfahren?
- Wo lebt sie?
- Wozu braucht sie ein eigenes Fahrzeug?

6 Vergleicht die Situation von Lenny und Mirjam.
Was ist ähnlich? Welche Unterschiede gibt es?

7 Wie ist es bei euch?
- Wer hat schon von euch ein eigenes Fahrzeug?
- Wovon hängt es ab, ob ein eigenes Fahrzeug nötig ist?

Ein eigenes Fahrzeug kaufen

Lenny möchte sich einen gebrauchten Motorroller kaufen. Er hat noch viele Fragen und geht in ein Fachgeschäft.

1 Lest das Gespräch.

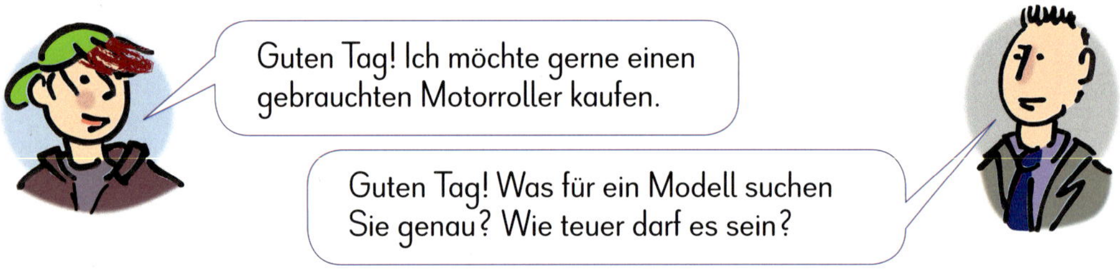

– Naja, ich dachte so etwa 500 bis 600 Euro. Ein italienisches Modell wäre schön, so etwa 5 Jahre alt.

– Wir haben hier ein schönes Modell, ist etwas älter, Baujahr 2004, aber sehr gut gepflegt, unfallfrei und mit einem Kilometerstand von nur 40.000 Km. Das Fahrzeug wurde in einer Garage gehalten.

– Hmmm, ich weiß nicht ... Was bedeutet das?

– Dieses Fahrzeug ist fast wie neu! Das heißt, der Vorbesitzer ist nur jährlich etwa 5.000 Km damit gefahren.

– O.K. Das schreibe ich mir auf. Also: Erstzulassung: 09/2004 ... Und wann muss es wieder geprüft werden?

– Die nächste Hauptuntersuchung ist im Jahr 2013 fällig.

– Das klingt gut. Ich glaube, ich komme morgen mit meinem Vater wieder vorbei.

Prima, ich werde es für Sie bis morgen reservieren.

Vielen Dank! Auf Wiedersehen!

Ein eigenes Fahrzeug kaufen

Lenny möchte den Motorroller kaufen. Er fragt zu Hause seinen Vater, ob er ihn zum Händler begleitet. Da Lenny noch nicht 18 ist, darf er einen so teuren Kauf nur mit Einwilligung der Eltern tätigen.

Ein Kauf ist immer ein Vertrag

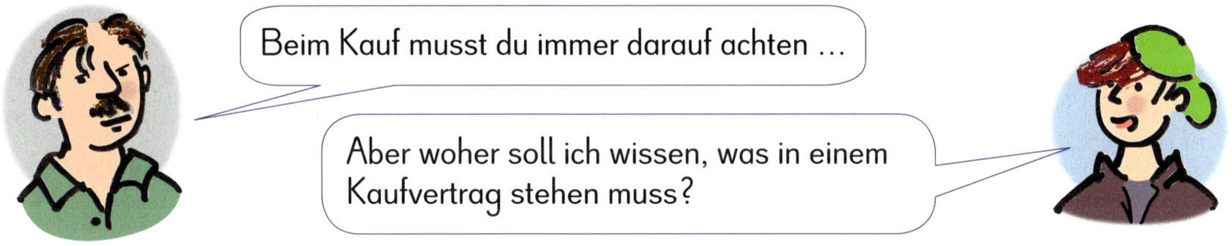

Kaufvertrag über ein gebrauchtes Motorrad

Zwischen als Verkäufer und als Käufer.

Firma: Zack & Speed	Vorname und Name: Lenny Müller
Straße und Hausnummer: Lange Straße 145	Straße und Hausnummer: Hauptstraße 71
PLZ: 58034 / Ort: Köln	PLZ: 58175 / Ort: Köln

Über das Motorrad

Hersteller:	Piaggio	Typ und Ausführung:	Vespa ET 4
Amtl. Kennzeichen:	K LM 16	Kfz - Brief - Nr.:	65834572
Fahrgest. - Nr.:	VB63J2LK200421	PS/kW:	67 PS/49 kW
Erstzulassung:	09/2004	km-Stand:	40.000 km
Baujahr:	2004	Nächster TÜV - und AU - Termin:	2013

Der Käufer verpflichtet sich, das Motorrad bei einer KFZ-Zulassungsstelle:
umzuschreiben am: 30.4.2012

Kaufpreis: 600,- EUR

(Verkäufer)
Ort, Datum, Unterschrift
Köln, 15.3.2012 M. Schrader

(Käufer)
Ort, Datum, Unterschrift
Köln, 15.3.2012 Lenny Müller

2 Welche Informationen sind für Lenny vor dem Kauf wichtig? Wie kann er herausfinden, ob das ein gutes Angebot ist?

3 Welche Angaben müssen immer in einem Kaufvertrag stehen?

4 Besorgt euch ein Formular für einen Kaufvertrag und heftet ihn in eurem Lebensordner ab.

Was ein eigenes Fahrzeug kostet

Lenny hat den Motorroller gekauft.
Was braucht er noch?

Lenny hat für seinen Roller 600,–€ gezahlt. Er benötigt jetzt noch einen Helm und Schutzkleidung. Motorradjacke und Handschuhe sind wichtige Schutzkleidung und sind oft etwas teurer als Alltagskleidung. Der Helm ist besonders wichtig. Lenny kauft sich einen Helm, der getestet und gut bewertet ist. Dafür zahlt er 199,–€. Die Jacke kostet 150,–€ und die Handschuhe 55,–€.

1 Wie viel Geld musste Lenny bisher ausgeben? Rechne zusammen.

2 Warum ist für Lenny die Schutzkleidung so wichtig?
Beende die Sätze.

Lenny möchte einen guten Helm haben, weil ...
Eine Motorradjacke ist wichtig, weil ...
Handschuhe schützen vor ...

Stolz zeigt Lenny seinen Freunden den neuen Roller.

Was ein eigenes Fahrzeug kostet

Nach dem Gespräch mit seinen Freunden will sich Lenny aufschreiben, was der Roller wirklich gekostet hat und mit welchen weiteren Kosten er noch rechnen muss.

Zweck	Kosten	Menge/Zeitraum	Kosten gesamt
Anschaffung	600,–	einmalig	600,–
Haftpflichtversicherung	75,–	jährlich	75,–
Teilkaskoversicherung	80,–	jährlich	80,–
Kleidung	[redacted]	einmalig	[redacted]
Helm	[redacted]	einmalig	[redacted]
Tankfüllung	15,–	ca. 12-mal im Jahr	[redacted]
Reparaturen, Pflege	ca. 100,–	jährlich	[redacted]
Gesamtkosten im ersten Jahr	–	–	
Gesamtkosten im zweiten Jahr ohne Anschaffung	–	–	

3 Übertrage die Tabelle auf ein Blatt. Informiere dich und ergänze die fehlenden Beträge.

4 a) Berechne die Gesamtkosten im 1. Jahr.
b) Berechne die Gesamtkosten im 2. Jahr.

Gesamtkosten im 1. Jahr	–	Anschaffungen (Fahrzeug, Helm, etc.)	= ?

5 Jetzt weißt du, wie viel ein Roller im 2. Jahr kostet.
- Wie viel kostet er jeden Monat?
- Könntest du dir aus deinem Geld einen Roller leisten?

Versicherungen abschließen

Lenny hatte einen Unfall mit seinem Roller. Er ist in ein parkendes Auto gefahren. Zum Glück ist niemand verletzt worden. Aber sein Roller und das Auto haben Schäden.

Zum Glück hat Lenny direkt nach dem Kauf eine Kfz-Haftpflichtversicherung abgeschlossen. Die Versicherung zahlt den Unfallschaden am Auto.

Lenny zahlt jährlich 75,–€ für die Haftpflichtversicherung. Damit hat er für einen möglichen Unfall Geld „gespart". Die Versicherung zahlt nun den Schaden am Fahrzeug des Unfallgegners.

Außerdem hat Lenny eine Teil-Kaskoversicherung abgeschlossen. Damit ist er zum Beispiel gegen Diebstahl und Unwetterschäden versichert. Man kann auch eine Vollkaskoversicherung abschließen. Diese zahlt alle Schäden, ist aber teurer als die Teilkasko.

1 Warum ist die Haftpflichtversicherung wichtig und verpflichtend?

2 Die Kfz-Versicherung für Fahrer bis zum 23. Lebensjahr ist teurer. Warum ist es für die Versicherung wichtig, wie alt ein Fahrer ist?

3 Beende die Sätze mit einer Begründung.

Bei einem neuen und wertvollen Fahrzeug ist es sinnvoll, eine Vollkaskoversicherung abzuschließen, weil …
Für ein älteres Fahrzeug ist es sinnvoll und billiger …

Steuern und sonstige Ausgaben

Mirjam möchte später, wenn sie einen Ausbildungsplatz gefunden hat, ein Auto haben.

Welche Zusatzkosten entstehen für ein Auto?

Mirjam wird für das Auto Steuern zahlen müssen. Die Höhe der Steuer richtet sich nach der Hubraumgröße des Autos und nach der Emissionsklasse (Schadstoffausstoß). Mirjams Vater zahlt für sein Auto 405 € im Jahr. Nach der Zulassung des Autos hat Mirjams Vater eine Zahlungsaufforderung vom Finanzamt bekommen. Er musste sich nicht selbst darum kümmern.

Alle Autofahrer zahlen die Kfz-Steuer. Von den Steuergeldern werden zum Beispiel neue Straßen gebaut und alte Straßen erneuert.

4 Welche Zusatzkosten muss Mirjam später für ihr Auto zahlen?

5 Setze die richtigen Wörter ein und schreibe die Sätze auf.

a) Wenn man ein Fahrzeug kauft, ist man verpflichtet, eine ____ abzuschließen.
b) Die Versicherung zahlt den Schaden, wenn du einen ____ hattest.
c) Eine Vollkaskoversicherung ist sinnvoll, wenn das Fahrzeug neu und ____ ist.
d) Für ein Auto muss man Kfz-____ zahlen.
e) Mit den Steuern werden Straßenbau und ____ finanziert.

→ Haftpflichtversicherung / Teilkaskoversicherung
Unfall / Beifall
wertlos / wertvoll
Steuern / Streuen
Regulatoren / Reparaturen

Was bedeutet Mobilität für mich?

Kai sitzt im Rollstuhl. Er denkt über Mobilität nach.

Was bedeutet Mobilität für mich?

Mobil sein hat für mich eine ganz andere Bedeutung. In der Wohnung komme ich mit meinem Rolli gut klar. Ohne Hilfe kann ich die Wohnung aber nicht verlassen. Treppen, Bordsteinkanten und andere Hindernisse kann ich allein nicht überwinden.

Ich werde jeden Tag mit dem Mobilitätsdienst zur Schule gebracht. Später werde ich zum Berufsbildungswerk (BBW) fahren. Ob ich das allein bewältigen kann?

Einen Betreuer werde ich bestimmt brauchen. Bus und Bahn könnte ich auch fahren, wenn mir jemand hilft. Busfahrer klappen für uns die Rampe zum Einstieg herunter, so können wir ein- und aussteigen.

Ob ich später auch Auto fahren kann? Ich habe schon darüber gelesen, dass es auch für uns Möglichkeiten gibt, das Autofahren zu lernen. Das möchte ich später mal probieren!

1 Was habt ihr über Kai erfahren?
- Welche Möglichkeiten hat er, unterwegs zu sein?
- Was möchte Kai später nach der Schulzeit machen?

2 Warum ist es wichtig, dass der öffentliche Stadtverkehr „barriere-frei" ausgebaut wird?

Informiert euch über Mobilitätsdienste und weitere Möglichkeiten in eurem Wohnort.

Das kann ich!

1 Was ist gemeint? Suche die passenden Begriffe und schreibe die Lösungen auf.

a) Wenn du ein Fahrzeug besitzt, musst du eine … abschließen.
b) Für ein gebrauchtes Fahrzeug lohnt sich eine … abzuschließen.
c) Das Alter des Fahrzeugs steht im Fahrzeugbrief unter …
d) Wenn man ein Auto hat, zahlt man auch …

→ Haftpflichtversicherung (H) / Kfz-Steuer (M)
Teilkasko (E)
Erstzulassung (L)

(Die Buchstaben hinter den Begriffen ergeben ein Lösungswort.)

2 Bilde Sätze aus den Satzhälften und schreibe sie auf.

Die Haftpflichtversicherung bezahlt …	… auf einem schriftlichen Kaufvertrag bestehen.
Eine Vollkaskoversicherung lohnt sich …	… gute Schutzkleidung tragen.
Bei dem Kauf eines Fahrzeugs sollte man …	… Benzin, Pflege, Versicherung und beim Auto Steuern.
Mit dem Kauf eines Fahrzeugs müssen …	… die Unfallschäden des Geschädigten.
Nicht nur die Anschaffung eines Fahrzeugs kostet Geld, sondern auch …	… bei neuen und wertvollen Fahrzeugen.
Beim Fahren eines Rollers sollte man …	… die Eltern einverstanden sein.

3 Autofahren in der Stadt – ja oder nein?

a) Sammelt zuerst Argumente dafür (pro) und dagegen (kontra).
b) Teilt euch in Gruppen ein und schreibt eine kurze Stellungnahme dazu.
c) Lest eure Stellungnahmen vor und führt eine Diskussion in der Klasse.

Wirtschaft begegnet uns überall

Max erzählt:

„Bei uns in der Straße gibt es einen kleinen Kiosk. Hier kann man Zeitung und Süßigkeiten kaufen, sonntags gibt es auch frische Brötchen. Das ist toll! Herr Böttcher, der Verkäufer, legt für mich die neueste Fußball-Zeitschrift immer zurück. Gestern habe ich gesehen, dass der Laden am Ende der Woche schließen wird. Mein Vater sagt, dass der Wettbewerb den Kiosk kaputt gemacht hat. Die Konkurrenz war zu groß ... Was bedeutet das alles?!"

Frau Riedel am Marktstand

Ein neues Auto: Ja oder nein?

Familie Peters überlegt, ob sie sich ein neues Auto kaufen. Dafür müssten sie in jedem Monat 200 Euro mehr ausgeben. Dieses Geld müssten sie bei anderen Ausgaben einsparen. Das Einkommen der Familie ist nicht gestiegen. Kann sich die Familie das neue Auto leisten?

Melanie erzählt:

„Ich bin in einem Schwimmverein, wir trainieren dreimal die Woche. Letztes Jahr hat unsere Gruppe die Landesmeisterschaft gewonnen. Nun wissen wir nicht mehr, wie es weitergehen soll. Im letzten Monat kam die Nachricht, dass das Stadtbad, in dem unsere Vereinsschwimmhalle ist, schließen muss. Die Schwimmhalle ist zu alt und muss renoviert werden. Unser Stadtbezirk hat aber kein Geld dafür. Man sagt, es fehlt an «öffentlichen Mitteln». Was bedeutet das alles? Müssen wir jetzt aufhören mit dem Training?“

Frau Vogt erzählt:

„Ich habe vor einem Monat meine Arbeitsstelle verloren. Das Unternehmen, wo ich gearbeitet habe, hat den Standort in Deutschland aufgegeben. Man sagt, dass unser Unternehmen sogar sehr viel Gewinn gemacht hat. Dennoch wollen sie die Lohnkosten senken und sie sind ins Ausland abgewandert. Jetzt bekomme ich Arbeitslosengeld und hoffe, dass ich wieder bald eine neue Arbeitsstelle finden kann.“

1 Welche Situationen kommen euch bekannt vor? Sprecht darüber in der Klasse.

2 Was haben die Beispiele mit Wirtschaft oder mit „wirtschaftlichem Handeln“ zu tun?

3 Welche Begriffe aus dem Bereich Wirtschaft werden in den Beispielen erwähnt?

Was bedeutet Wirtschaft für uns?

Die Klasse 9b arbeitet heute in Gruppen.
Die Gruppe A hat ihre Fragen zum Thema Wirtschaft gesammelt.

Woher kommt das Einkommen?

Warum müssen wir Steuern zahlen?

Warum zahlen wir Beiträge für die Krankenversicherung, auch wenn wir gesund sind?

Was ist der Unterschied zwischen „Brutto" und „Netto"?

Was ist der Unterschied zwischen „Export" und „Import"?

Wie funktioniert Wirtschaft überhaupt?

Was bedeutet Globalisierung?

Was bedeutet „Soziale Marktwirtschaft"?

Die Klassenlehrerin, Frau Mayer, erzählt, dass sie einen Fachexperten für den Wirtschaftsunterricht eingeladen hat. Er wird alle Fragen der Schüler beantworten, ein Projekt mit ihnen durchführen und sie bei der Gründung einer Schülerfirma unterstützen.

1 Welche Fragen habt ihr zum Thema Wirtschaft?

2 a) Schreibt eure Fragen auf Karteikarten.
b) Ordnet eure Karteikarten auf einem Plakat.

Was bedeutet Wirtschaft für uns?

Die Gruppe B hat ihre Gedanken zum Thema Wirtschaft in einem Cluster gesammelt.

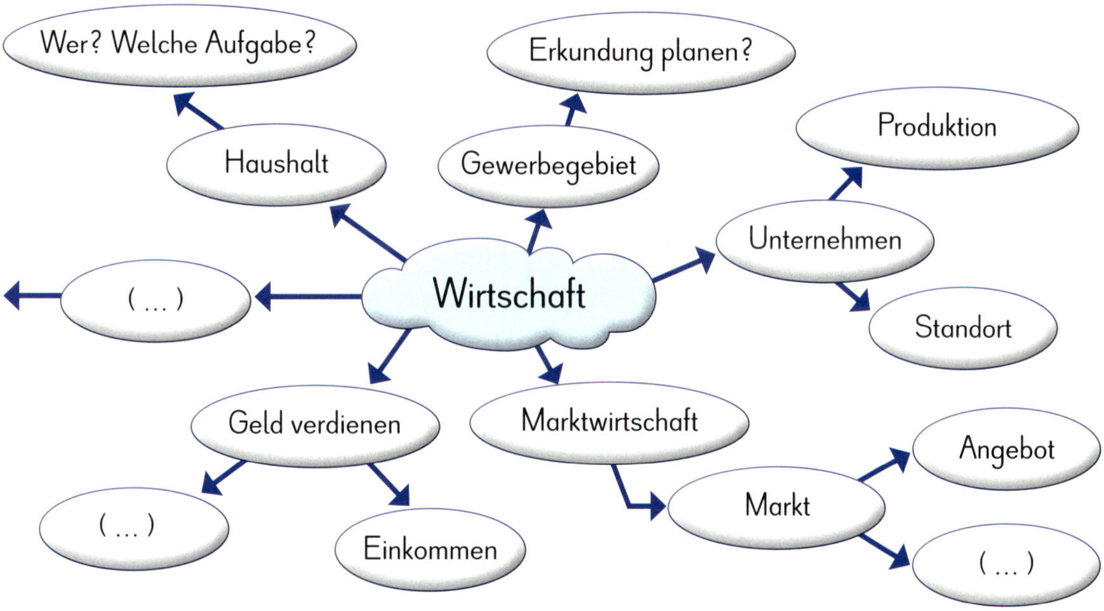

Wirtschaft begegnet uns überall. Ganz egal, ob wir im Kiosk einkaufen, einen Haushaltsplan aufstellen, eine Berufsausbildung machen oder in einem Unternehmen arbeiten. Wir sind immer ein Teil der Wirtschaft.

1 Erstellt einen Cluster zum Thema „Wirtschaft".

→ einen Cluster erstellen S. 155

2 Stellt eure Ergebnisse in der Klasse vor.

3 Wo könnt ihr euch über wirtschaftliche Themen informieren?

ZEIT ONLINE WIRTSCHAFT

STARTSEITE POLITIK WIRTSCHAFT MEINUNG GESELLSCHAFT KULTUR WISSEN DIGITAL

Unternehmen Geldanlage Börse

WIRTSCHAFT FÜR KINDER

Wie bezahlt Opa mein Geschenk?

Arbeitnehmer zahlen für die Rente der Senioren. Im Alter bekommen sie dann Geld.

Das Tolle an Opas und Omas ist: Sie haben viel mehr Zeit als Eltern, weil sie nicht arbeiten gehen müssen. Und trotzdem kaufen sie einem gern Geschenke. Die Frage ist nur: Woher haben sie ihr Geld, wo sie doch nicht mehr arbeiten?

Wie funktioniert die Wirtschaft?

Herr Kaiser, der Fachexperte für Wirtschaft, besucht heute die Klasse.

> Ich sehe, ihr habt euch schon viele Gedanken zum Thema Wirtschaft gemacht. Heute möchte ich eure Fragen beantworten. Aber bevor wir damit anfangen, möchte ich euch noch einige wirtschaftliche Grundbegriffe erklären.

Wenn wir über Wirtschaft reden, denken wir an kleinere oder größere Wirtschaftseinheiten. Die kleinste Wirtschaftseinheit ist der private Haushalt.

Wirtschaften im Haushalt

Jeder Haushalt ist eine Wirtschaftseinheit.

Menschen, die in einem Haushalt leben, erbringen gemeinsam Leistungen für die Lebenserhaltung und für das Wohlergehen der Haushaltsmitglieder. Diese Leistungen können sehr unterschiedlich sein. Dazu gehören die Tätigkeiten im Haushalt (z. B. Kochen, Wäsche waschen) und die Erwerbsarbeit (z. B. Arbeit in einem Betrieb). Für die Erwerbsarbeit bekommt man ein Entgelt in Form von Lohn oder Gehalt. Für die Hausarbeit wird man nicht bezahlt. Dennoch sind auch diese Arbeiten für das Wohlergehen der Familie sehr wichtig.

Jeder Haushalt hat Einnahmen und Ausgaben.

→ zu diesem Thema könnt ihr ab S. 54 mehr erfahren

Jeder Haushalt hat eine bestimmte Geldsumme aus verschiedenen Einkommensarten zur Verfügung. Den planvollen Umgang mit dem Einkommen nennen wir auch „wirtschaften". Dabei stellen sich folgende Fragen:

- Wie viel Geld steht uns zur Verfügung?
- Wofür müssen wir und wofür wollen wir Geld ausgeben?
- Welche Ansprüche und Wünsche haben wir dabei?
- Wie können wir Geld für Notfälle zurücklegen?

Wie funktioniert die Wirtschaft?

Der einfache Wirtschaftskreislauf

Menschen arbeiten in bestimmten Unternehmen, Betrieben oder in Einrichtungen (z. B. Schulen). Die Menschen leisten Arbeit, dafür erhalten sie ein Entgelt vom Betrieb. Das nennen wir auch Lohn, Gehalt oder Vergütung.

Der Betrieb stellt verschiedene Produkte her oder bietet Dienstleistungen an. Dabei müssen folgende Grundfragen des Wirtschaftens beantwortet werden:

- Was soll produziert werden und in welchen Mengen?
- Wie soll produziert werden?
- Für wen soll produziert werden?

Die Menschen (Arbeitnehmer) kaufen die Produkte oder nehmen die Dienstleistungen in Anspruch. In diesem Fall sprechen wir über Konsumenten und Konsumgüter.

→ zu diesem Thema könnt ihr ab S. 64 mehr erfahren

Den Zusammenhang zwischen dem privaten Haushalt und dem Betrieb stellt die folgende Grafik dar:

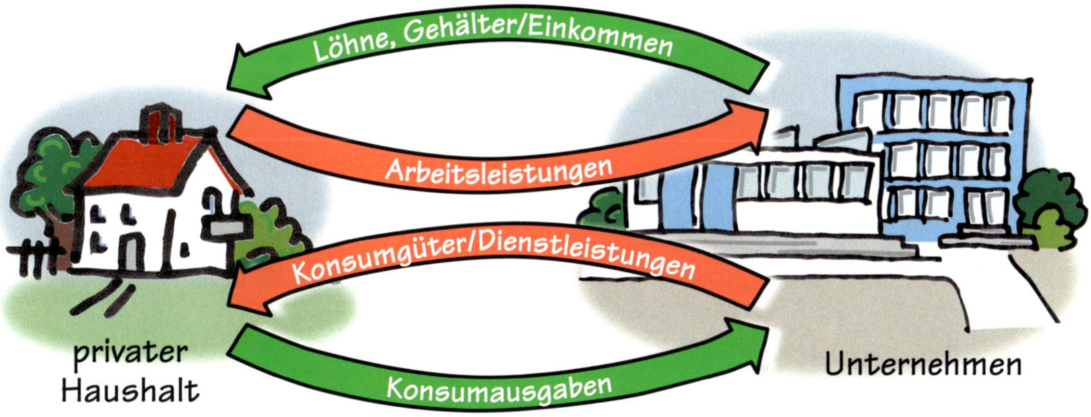

1 Beschreibe den einfachen Wirtschaftskreislauf.

Der private Haushalt leistet … / erhält dafür …
Das Unternehmen bietet … / erhält dafür …

Wie funktioniert die Wirtschaft?

Der Staat im einfachen Wirtschaftskreislauf

Welche Rolle spielt der Staat in dem Wirtschaftskreislauf? Warum muss der Staat überhaupt in die Wirtschaft eingreifen?

Die Güter und die Dienstleistungen, die von den Betrieben angeboten werden, haben meistens eine begrenzte Menge. Die Güter und die Dienstleistungen müssen unter den Menschen (Konsumenten) aufgeteilt werden. Dabei stellen sich folgende Fragen:

- Können sich nur wenige reiche Menschen viele Güter leisten?
- Oder: Können sich alle Menschen gleichmäßig mit Gütern und Dienstleistungen versorgen?
- Gibt es eine Grundversorgung für alle Menschen?

Hier hat der Staat eine besondere Verantwortung. Der Staat muss dafür sorgen, dass alle Menschen unabhängig von Alter, Geschlecht, Herkunft und Vermögensstand ihre Grundbedürfnisse befriedigen können.

➔ zu diesem Thema könnt ihr ab S. 76 mehr erfahren

! Im einfachen Wirtschaftskreislauf wirken private Haushalte, Betriebe und der Staat zusammen, um die Nachfrage an Gütern und Dienstleistungen zu decken.

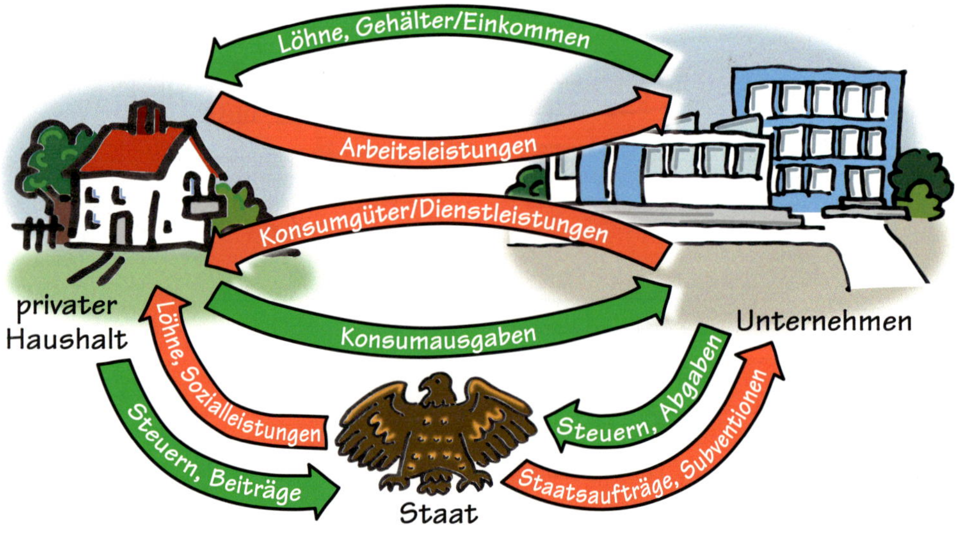

Wie funktioniert die Wirtschaft?

Menschen wirtschaften weltweit

Der weltweite Austausch von Gütern und Dienstleistungen gehört heute zum Alltag. Der Fortschritt in den Bereichen Transport und Kommunikation macht vieles möglich: Wir können in Europa Bananen aus Südamerika und Kiwi aus Neuseeland essen. Wir tragen Hosen und Kleider, die in Afrika oder Asien genäht worden sind. Wir können mit Menschen in fernen Ländern telefonieren, im Internet chatten, skypen, Produkte aus dem Ausland bestellen, Geld überweisen, Flugtickets buchen und noch vieles mehr. Das alles können wir unter dem Begriff Globalisierung zusammenfassen.

➔ zu diesem Thema könnt ihr ab S. 78 mehr erfahren

Globalisierung bedeutet also die „Vernetzung der Welt". Sie führt zu immer mehr länderübergreifenden Geschäften und zur internationalen Arbeitsteilung. Waren, Dienstleistungen, Menschen, Kapital können heute fast problemlos und frei bewegt werden.

Die folgende Grafik zeigt uns die Zusammenhänge im erweiterten Wirtschaftskreislauf:

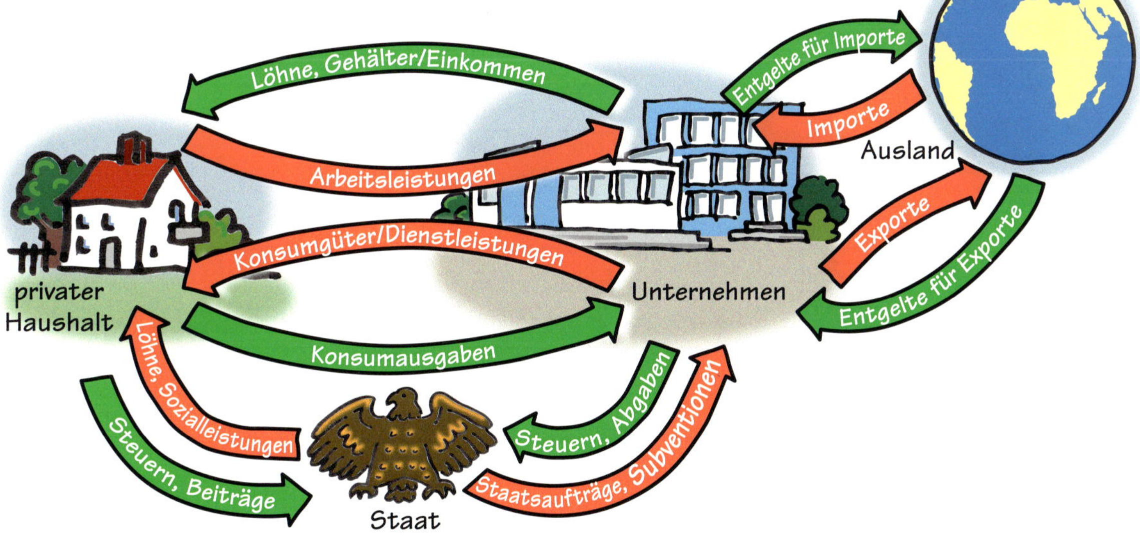

Kein Auskommen ohne Einkommen

Ich bin Verkäuferin im Einzelhandel. Obwohl die Arbeit anstrengend ist, verdiene ich nicht viel Geld.

Ich arbeite als Malergehilfe in einem Betrieb. Ich bekomme zwar nicht viel Geld, aber ich möchte auf keinen Fall arbeitslos sein.

Ich habe früher als Bürokauffrau gearbeitet. Mehr als 30 Jahre lang habe ich Beiträge an die Rentenversicherung gezahlt. Heute bin ich Rentnerin.

Ich habe vor 5 Jahren meine Meisterprüfung gemacht. Dann konnte ich einen kleinen Frisörsalon eröffnen. Ich arbeite selbstständig. Das ist nicht ganz einfach, denn die Konkurrenz ist groß.

Ich bin seit zwei Jahren arbeitslos. Aber ich bin 45 Jahre alt und es ist schwer, einen neuen Job zu finden. Ich bekomme Arbeitslosengeld und Unterstützung von der Agentur für Arbeit.

1 Die Menschen auf den Bildern machen sich Gedanken über Geld.
- Woher erhalten sie ihr Geld?
- Welche Sorgen und Wünsche haben sie?

Woher kommt das Einkommen?
Es gibt verschiedene Einkommensarten.

Einkommen aus Arbeit

Ich arbeite die ganze Woche hart. Das macht manchmal Spaß, aber nicht immer. Dafür zahlt mir mein Chef ein Gehalt, von dem ich leben kann.

→ **Einkommen aus nicht selbstständiger Arbeit**

Ich habe mich als Frisörmeisterin selbstständig gemacht. Das ist nicht ganz einfach, denn die Konkurrenz ist groß. Und ich darf nicht krank werden, sonst verdiene ich kein Geld.

→ **Einkommen aus selbstständiger Arbeit**

Einkommen aus Vermögen

Als mein Opa gestorben ist, habe ich dieses Haus geerbt. Unten ist ein Laden, oben sind drei Wohnungen. Die kann ich vermieten und bekomme Miete dafür.

→ **Einkommen aus Vermögen**

Transfereinkommen

Ich bin seit einigen Jahren arbeitslos. Anfangs habe ich noch Arbeitslosengeld I bekommen, mittlerweile nur noch Arbeitslosengeld II. Das Geld bekomme ich vom Staat als Unterstützung für meinen Lebensunterhalt.

→ **finanziert aus Steuermitteln**

Seit zehn Jahren bin ich in Rente. Als ich gearbeitet habe, ging ein Teil meines Gehalts an die Rentenversicherung. Ich bekomme mein Geld jetzt von der Rentenversicherung.

→ **finanziert aus gesetzlicher Versicherung**

2 Welche Einkommensarten habt ihr kennen gelernt?

Einkommen und Abzüge

Die meisten Menschen erhalten ihr Einkommen aus nicht selbstständiger Arbeit.

Brutto ist nicht gleich netto

Herr Peters ist Mechatroniker. Sein Bruttoverdienst ist 1690 € im Monat. Er bekommt aber nicht diese ganze Summe ausbezahlt. Von seinem Gehalt werden Steuern und Anteile für die Sozialversicherung abgezogen. Was davon übrig bleibt, ist sein Nettoverdienst. Bei den Sozialabgaben zahlt der Arbeitgeber von Herrn Peters den gleichen Anteil in die Sozialversicherung.

Hier seht ihr die Lohnsteuerkarte von Herrn Peters.

Name:	Frank Peters	
Religionszugehörigkeit:	evangelisch	
Bruttoverdienst:	1690	€
Abzüge		
Lohnsteuer (Steuerklasse 4)	- 150	€
Kirchensteuer	- 13,50	€
Solidaritätszuschlag	- 8,25	€
Sozialversicherung		
Krankenversicherung	- 118,30	€
Pflegeversicherung	- 18,59	€
Rentenversicherung	- 164,77	€
Arbeitslosenversicherung	- 54,92	€
Nettoverdienst:		€

1 Welche Abzüge hat Herr Peters?
Welche davon sind Steuern, welche sind Sozialabgaben?

2 Rechnet aus, wie hoch der Nettoverdienst von Herrn Peters ist.

Einkommen und Abzüge

Die meisten Menschen arbeiten in einem Arbeitsverhältnis, das sozialversicherungspflichtig ist. Was bedeutet das?

Die Sozialversicherung: Was deckt sie ab?

Zur Sozialversicherung unter staatlicher Aufsicht gehören die folgenden vier Bereiche: Krankenversicherung, Pflegeversicherung, Rentenversicherung und Arbeitslosenversicherung.

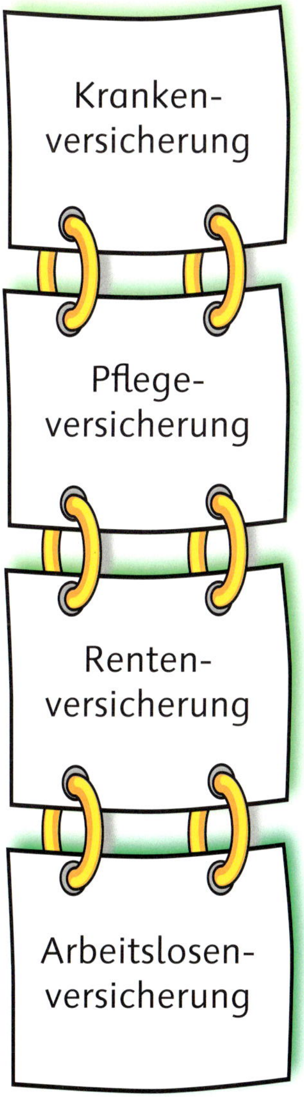

Krankenversicherung

Wenn du zum Arzt gehst, gibst du deine Krankenversicherungskarte ab. Dann musst du für die Behandlung nichts bezahlen. Von deinem Beitrag für die Krankenversicherung wird die ärztliche Behandlung und Versorgung bezahlt.

Pflegeversicherung

Alte Menschen oder Menschen mit Behinderungen können oft nicht für sich selber sorgen. Dann brauchen sie Unterstützung. Die Pflege oder andere Hilfen werden aus den Beiträgen zur Pflegeversicherung bezahlt.

Rentenversicherung

Wenn das Berufsleben beendet ist, gehen die Menschen in Rente. Das heißt, sie arbeiten nicht mehr, bekommen aber jeden Monat Geld. Das ist nicht so viel, wie sie vorher verdient haben. Wer mehr Beiträge für die Rentenversicherung bezahlt hat, bekommt auch eine höhere Rente.

Arbeitslosenversicherung

Wenn jemand mindestens 12 Monate gearbeitet hat und arbeitslos wird, dann hat er Anspruch auf Arbeitslosengeld. Die Agentur für Arbeit unterstützt Menschen ohne Arbeit mit Beratungen und verschiedenen Maßnahmen.

Familie Peters plant ihre Ausgaben

Paula und Frank Peters sowie ihre Kinder Daniel (14 Jahre) und Lisa (16 Jahre) überlegen, ob sie sich ein neues Auto kaufen. Dafür müssten sie im Monat 200 Euro mehr ausgeben. Dieses Geld müssten sie bei anderen Ausgaben einsparen.

Ein neues Auto: Ja oder nein?

Paula: Ich möchte ein schönes, neues Auto! Dafür könnte ich auf den Urlaub verzichten. Dann brauche ich auch keine neue Sommerkleidung und damit sparen wir Geld.

Frank: Auf den Urlaub verzichten? Ich möchte auf jeden Fall wegfahren und mich richtig ausruhen. Aber das würde auch noch mit dem alten Auto gehen.

Daniel: Ich will in den Ferien auch wegfahren! Aber vielleicht könnten wir einen Camping-Urlaub machen, an einem See zelten oder so. Das wäre nicht so teuer und echt cool!

Lisa: Ich muss nicht mitfahren. Mein Freund Martin kann sowieso nicht weg, er ist noch in der Probezeit. Aber ein neues, tolles Auto finde ich schon gut. Dafür würde ich auch einen Sommerjob machen, um etwas dazu verdienen.

Familie Peters plant ihre Ausgaben

Die Familie spricht darüber, wie sie ihr Geld ausgeben will. Einige Ausgaben können sie aber nicht beeinflussen.

Die Mutter erklärt, wie sie die monatlichen Kosten ausrechnet. Die Ausgaben werden in zwei Arten eingeteilt. Es gibt:

Feste Ausgaben (Fixkosten)

Das sind die Ausgaben, die eine Familie regelmäßig und immer in einer festen Höhe bezahlen muss.

	Euro
Miete	600
Nebenkosten (Heizung, Wasser etc.)	250
Strom	55
Haftpflicht- und Hausratversicherung	15
Kfz-Steuer- und Versicherung	45
Fernsehgebühren	18
Telefon- und Internetkosten	55
Tageszeitung	25
Sportverein Kinder	20
Rücklagen für unerwartete Ausgaben	60
Summe	1143

Veränderliche Ausgaben (variable Kosten)

Das sind Ausgaben, die nicht regelmäßig anfallen und unterschiedlich hoch sein können.

	Euro
Geld für Paula und Frank für Freizeit	120
Taschengeld Daniel	15
Taschengeld Lisa	18
Lebensmittel, Kantinenessen	560
Kleidung und Schuhe	160
Wasch- und Putzmittel	15
Körperpflege	50
Hobbys, Unterhaltung	150
Benzingeld, öffentliche Verkehrsmittel	250
Geschenke, Spenden, Porto	50
Sparen für Urlaub	250
Sonstiges	100
Summe	1738

1 Erkläre an Beispielen, was feste und was veränderliche Ausgaben sind.

2 Die Familie Peters hat im Monat ca. 3000 Euro zur Verfügung. Rechnet aus:

a) Wie viel Geld gibt die Familie im Monat aus?
b) Wie viel Geld kann die Familie im Monat sparen?

3 Übernehmt im Rollenspiel die Rollen der Familienmitglieder. Versucht, eine Lösung für das Problem der Familie zu finden.

→ ein Rollenspiel planen S. 154

Das Girokonto

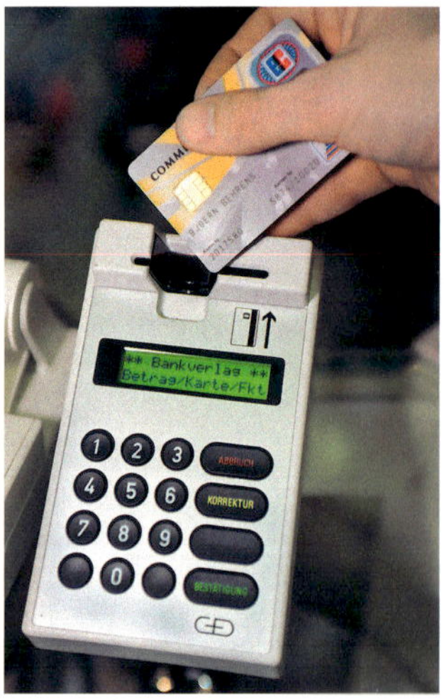

Der Freund von Lisa heißt Martin und ist 18 Jahre alt. Er hat ein Girokonto und eine eigene Bankkarte.

Wozu braucht Martin ein Girokonto?

Martin macht eine Ausbildung zum Maler und Lackierer. Er erhält dafür eine Ausbildungsvergütung. Der Chef überweist Martins Geld auf das Girokonto. Martin kann das regelmäßig überprüfen. Er kann einen Kontoauszug holen und prüfen, ob das Geld auf seinem Konto schon eingegangen ist.

Was kann Martin mit seiner Bankkarte noch machen? Er erzählt:

„Ich habe eine Bankkarte, die nenne ich manchmal ‚Plastikgeld'. Sie gehört zu meinem Girokonto. Das ist praktisch, weil ich nicht viel Bargeld bei mir tragen muss. Bei Einkäufen kann ich mit der Karte zahlen. Wenn ich mit meiner Bankkarte bezahle, wird der Betrag von meinem Konto abgebucht. Ich kann mit der Karte auch Geld am Automaten abheben."

Manchmal hebt Martin mehr Geld von seinem Konto ab, als tatsächlich auf seinem Konto ist. Er überzieht sein Konto. Das darf er nur machen, weil er noch einen Überziehungskredit hat. Diesen Kredit nennt man auch Dispo-Kredit. Dafür hat die Bank geprüft, wie viel Martin im Monat verdient. Der Betrag, den Martin zusätzlich abheben kann, ist begrenzt. Wenn Martin Geld aus dem Überziehungskredit abhebt, muss er der Bank dafür Zinsen zahlen.

1 a) Was ist ein Dispo- oder Überziehungskredit?
b) Warum ist der Dispo-Kredit begrenzt?

2 Nennt Vor- und Nachteile des Bezahlens mit einer Bankkarte.

Das Girokonto

Auf einem Kontoauszug sieht Martin genau, wie viel Geld er bekommen hat und wie viel er ausgegeben hat.

Muster-Bank

Konto-Nr. 12345678	BLZ 910 111 21	Muster-Bank Musterstadt	Auszug Nr. 1
Datum	Buchungstext		Betrag
29.10.2011	LASTSCHRIFT	Einkauf im Supermarkt	47,93 –
30.10.2011	LASTSCHRIFT	Mikrowellenherd aus OnlineShopXY	49,99 –
02.11.2011	GUTSCHRIFT	Ausbildungsvergütung 10/2011, Malermeister Hansen	508,42 +
04.11.2011	GUTSCHRIFT	Überweisung Tante Herta	100,00 +
Musterstadt, den 06.11.2011	16:52	Saldo	510,50 +

Lastschrift: Auszahlung
Gutschrift: Einzahlung
Saldo: Kontostand

3 Erklärt, wie viel Geld Martin auf seinem Konto hat.
- Wann und wie viel Geld hat er bekommen?
- Wann und wofür hat er Geld ausgegeben?

Alter	**7 bis 11 Jahre**	**12 bis 17 Jahre**	**ab 18 Jahre**
Kontoführung	kostenlos	kostenlos	kostenlos bis zum 27. Lebensjahr
Zahlungsverkehr	inklusive	inklusive	inklusive
Online-Banking	möglich (nur Abfrage)	inklusive	inklusive
Kontoauszüge	Versand	Kontoauszugsdrucker	Kontoauszugsdrucker
Dispo-Kredit	–	–	möglich
SparkassenCard	–	inklusive	inklusive, EC-Karte mit Geldkarten-Chip möglich

4 Was ist mit einem Girokonto ab 18 Jahren möglich?

5 Besucht gemeinsam eine Bank oder eine Sparkasse in eurer Nähe. Informiert euch über die Möglichkeiten, die es für euch gibt.

Das kann ich!

1 Was gehört zusammen? Ordne zu und schreibe in dein Heft.

Netto

Brutto

Das ist das Gehalt, von dem noch Steuern und Sozialabgaben abgezogen werden.

Das ist das Gehalt, das ich nach den Abzügen tatsächlich bekomme.

2 Welche Abgaben werden vom Bruttoverdienst abgezogen? Wähle die richtigen aus und schreibe sie auf.

Arbeitslosenversicherung, Computersteuer, Kirchensteuer, Lohnsteuer, Krankenversicherung, Pflegeversicherung, Rentenversicherung, Solidaritätszuschlag, Straßenversicherung, Süßigkeitensteuer

3 Welche Ausgaben sind fest, welche sind veränderlich? Erstelle eine Tabelle. Trage die Ausgaben ein.

Miete, Stromrechnung, Versicherungen, Kleidung, Monatskarte, Reparaturen, Sparen für den Urlaub, Kinokarte, Bücher, Friseur, Geburtstagsgeschenk für Freunde, Mitgliedschaft im Sportverein

4 Welche Erklärung passt? Suche die Paare und schreibe sie auf.

Steuern	Diese Versicherung bezahlt die Rechnungen, wenn du krank bist.
Krankenversicherung	Diese Versicherung zahlt dir Geld, wenn du deine Arbeit verloren hast.
Pflegeversicherung	Wenn du in Rente gehst, zahlt diese Versicherung dir Geld.
Rentenversicherung	Aus diesem Geld finanziert der Staat seine Ausgaben.
Arbeitslosenversicherung	Wenn du nicht mehr für dich selber sorgen kannst, hilft dir diese Versicherung.

5 Teste dich! Stell dir vor, du lebst in deiner Wohnung und führst deinen eigenen Haushalt. Was meinst du, wie viel musst du für diese Dinge im Monat ausgeben?
Übertrage diese Tabelle auf ein Blatt.
Trage deine Schätzungen ein.

Wofür?	Meine Schätzung	
Miete (2-Zimmer-Wohnung, ca. 60 qm)		
Nebenkosten für die Wohnung		
Rundfunk /TV-Gebühren		
Telefon, Handy, Internet		
Ernährung: Frühstück ____ Euro mal 30 Tage Abendessen ____ Euro mal 30 Tage Mittagessen (Kantine?) ____ Euro mal 20 Arbeitstage		
Kleidung		
Putzmittel /Reinigung		
Öffentliche Verkehrsmittel (Monatskarte)		
Fahrzeug (Kosten für Versicherung, Benzin, Pflege, Reparaturen)		
Mitgliedschaft in einem Verein (Sport, Musik etc.)		
Sonstige Ausgaben (Freizeit, Kino, Disco etc.)		

6 Hefte die Tabelle in deinem Lebensordner ab.
Die rote Spalte kannst du später für wirkliche Ausgaben nutzen.

Konsumieren: Lust und Last

Das Angebot an Produkten und Dienstleistungen ist riesengroß. Ständig werden neue Waren angeboten. Manche Sachen musst du kaufen, weil du sie dringend brauchst. Andere kannst du kaufen, weil du sie gerne haben möchtest.

Stellt euch vor, ihr hättet 50 Euro zur Verfügung und solltet das Geld für diese Waren ausgeben. Wofür würdet ihr euch entscheiden?

1 Überlege mit einem Partner. Stellt mehrere Möglichkeiten zusammen. Begründet eure Entscheidung.

Ich würde den Bio-Jogurt kaufen, weil …
Ich würde den normalen Jogurt kaufen, weil …

2 Worauf achtet ihr, wenn ihr ein bestimmtes Produkt kaufen wollt?

Für die nächste Klassenfahrt möchte sich Max eine neue Kamera kaufen. Die Eltern von Max sind mit dem Kauf einverstanden. Welche Möglichkeiten gibt es, eine neue Kamera zu kaufen?

Fachgeschäft

Medien-Großhandel oder Internet

Wer klug einkaufen will, muss ...
- **Preise und unterschiedliche Qualitäten vergleichen**
- **über Garantie und Service-Leistungen nachdenken**

3 Welche Vorteile und Nachteile haben die verschiedenen Kaufmöglichkeiten?

4 Erstellt eine Tabelle zu den Vorteilen und Nachteilen.

	Vorteile	Nachteile
Fachhandel	Beratung, Garantie und Service vor Ort	oft teurer als der Großhandel
Großhandel	(...)	(...)

Einkauf – gut vorbereitet!

**Max hat lange für eine neue Kamera gespart.
Endlich ist es soweit: er will sich die Kamera kaufen.
Aber wie geht er am besten vor?**

1. Max überlegt, was er wirklich braucht

Preis: Max weiß, dass er höchstens 150 Euro ausgeben kann. **Aussehen/Gewicht des Gerätes:** Max möchte eine schwarze oder silberne Kamera und sie soll möglichst klein und leicht sein. **Funktionen:** einfache Handhabung, normale Ausstattung, Blitzlicht, gute Bildqualität, keine Extra-Funktionen.

2. Max informiert sich

Er geht in eine Bücherei und lässt sich die aktuelle Ausgabe von der Stiftung-Warentest-Zeitschrift „test" geben. Hier kann er sich über die Qualität, über die verschiedenen Funktionen und Preise informieren. Auch im Internet oder in Fachkatalogen kann er nachschlagen.

3. Max vergleicht die Preise der Produkte

Er fragt bei einem Fachhändler nach, was das Modell „Nikon Coolpix S3100" bei ihm kostet. Außerdem gibt er im Internet in eine Suchmaschine den Namen des Modells ein. Er vergleicht die verschiedenen Anbieter und die Preise.

4. Max muss sich entscheiden: Ladenkauf oder Internet?

Inzwischen werden viele Dinge im Internet gekauft. Dies ist praktisch und oft günstiger, hat aber auch einige Nachteile: Häufig muss man noch dafür bezahlen, dass das Gerät nach Hause geschickt wird. Es wird dann oft genauso teuer wie im Fachgeschäft. Wenn etwas kaputt geht, kann das Gerät meistens nur in einem Fachgeschäft repariert werden.

1 Was kannst du vor dem Kauf eines Produktes tun?

Ich informiere mich ...   Ich vergleiche ...

Methode

Eine Kaufentscheidung treffen

Darum geht es:

Ihr möchtet etwas Teueres (z.B. eine neue Kamera) kaufen.
Ihr wollt beim Kauf des Gerätes eine kluge Entscheidung treffen.

So könnt ihr vorgehen:

1. Schritt: Wir überlegen: Worauf wollen wir beim Kauf achten?

Folgende Sachen können beim Kauf wichtig sein:

- **Preis**: Wie viel Geld haben wir zur Verfügung?
- **Qualität** und **Funktionen**: Was muss das Gerät können?
- **Eigenschaften**: Wie soll das Gerät aussehen? (Farbe, Größe)
- **Handhabung**: Soll das Gerät leicht zu bedienen sein?
- **Marke**: Ist es uns wichtig, ein Markenprodukt zu haben?

2. Schritt: Wir informieren uns

- im Internet recherchieren
- eine Testzeitschrift lesen
- im Fachgeschäft sich beraten lassen
- Gütesiegel an Geräten kennen

3. Schritt: Wir vergleichen

Wir prüfen und vergleichen verschiedene Anbieter und Angebote, um die beste Lösung zu finden.

4. Schritt: Wir entscheiden uns

- Wir entscheiden uns für ein Produkt.
- Beim Kauf achten wir auf den Garantieschein.
- Diesen Schein müssen wir gut aufbewahren für den Fall einer späteren Reparatur.

**Beim nächsten Kauf könnt ihr nach diesen Schritten vorgehen.
Nach dem Kauf heftet ihr den Garantieschein in euren Lebensordner.**

Ein Kauf ist verbindlich

Svenja möchte sich ein neues Fahrrad kaufen.

Svenja hat lange für ein neues Fahrrad gespart. Sie geht in ein Fachgeschäft und sagt dem Verkäufer, dass sie das Fahrrad kaufen will. Der Verkäufer antwortet, dass er es für sie fertig montiert. Außerdem soll Svenja etwas anzahlen.

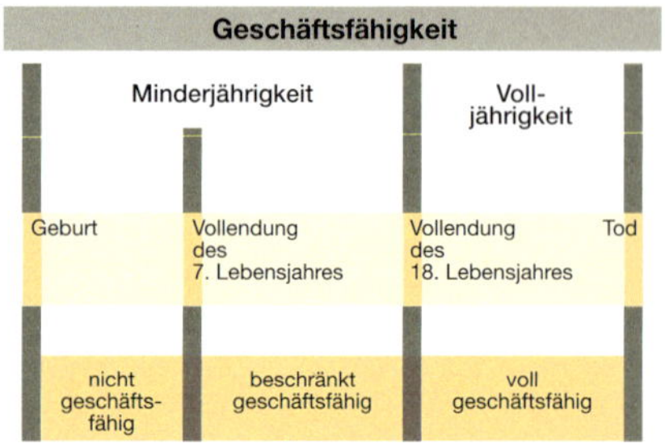

Für diesen Kaufvertrag sind zwei Schritte nötig: Svenja (Käufer) sagt, dass sie das Fahrrad kaufen möchte. Der Verkäufer sagt, dass er das Fahrrad zu diesem Preis verkaufen wird. Danach ist der Kaufvertrag rechtskräftig. Ein Vertrag kann auch mündlich geschlossen werden. Durch den Vertrag ergeben sich Rechte und Pflichten: So muss Svenja den Preis für das Fahrrad bezahlen. Der Verkäufer muss das Fahrrad sorgfältig montieren.

Nichtgültige Kaufverträge:

Es gibt auch Verträge, die nicht gültig sind, z. B.

- Verkauf von Alkohol und Zigaretten an Minderjährige,
- Verkauf von Waren an Jugendliche, die noch nicht geschäftsfähig sind.

1 Hast du schon einmal einen Kaufvertrag abgeschlossen?

2 Svenja ist 17 Jahre alt. Sie will das Fahrrad aus ihrem gesparten Geld kaufen. Darf sie das tun?

Lass dich nicht über's Ohr hauen!

Neues Fahrrad – schon kaputt?

Svenja hat das neue Fahrrad abgeholt. Sie fährt zu ihren Freundinnen, um ihnen das Fahrrad zu zeigen. Auf dem Weg dorthin reißt die Fahrradkette. Svenja schiebt das Fahrrad zurück zum Geschäft. Sie verlangt eine neue Kette. Der Händler will die Kette nicht ersetzen, er behauptet, Svenja hat zu fest getreten. Svenja ist sauer.

Welche Rechte hast du als Käufer?

Verkäufer sind verpflichtet, unbeschädigte Waren zu liefern. Wenn die Ware einen Fehler hat, müssen sie diesen Fehler beheben oder dir neue Waren geben. Käufer können fehlerhafte Ware zurückgeben. Verkäufer müssen fehlerhafte Waren zurücknehmen. Wenn du eine Ware gekauft hast, muss der Verkäufer zwei Jahre lang garantieren, dass es keine Herstellungsfehler gibt.

Umtausch

Viele Händler bieten freiwillig einen Umtausch von Waren an, die keinen Mangel haben. Der Umtausch muss natürlich innerhalb einer bestimmten Zeit erfolgen. Und du musst den Kassenzettel mitbringen, damit der Händler weiß, dass du die Waren bei ihm gekauft hast. Du kannst:

– die Ware gegen eine andere austauschen,
– einen Gutschein über den bezahlten Geldbetrag bekommen
– oder das Geld zurückbekommen.

3 Kann Svenja eine neue Kette verlangen? Begründe.

4 Informiert euch über eure Rechte bei der Verbraucherzentrale.

www.checked4you.de
www.verbraucherzentrale.de

Nachhaltig handeln

Nachhaltig handeln – was bedeutet das?

Wir gehen tagtäglich mit Gütern um. Sie wurden von anderen Menschen in Deutschland oder in einem anderen Land auf der Welt produziert. Mit jedem Kauf können wir etwas beeinflussen: Wem nutzt und wem schadet mein Konsum? Was bewirke ich damit, wenn ich ein bestimmtes Produkt kaufe? Hast du über diese Fragen schon mal nachgedacht?

Lara braucht eine neue Tasche. Sie hat sich für diese Umhängetasche aus Recycling entschieden. Warum?

Die Tasche ist aus wieder verwertbaren Reststoffen (z. B. alte LKW-Plane aus Recycling, Schulterriemen aus Auto-Sicherheitsgurt)

Preis – Die Tasche ist günstiger als eine teure Markentasche. Sie hat eine gute Qualität: ein schönes Design, ist sehr robust und lange tragbar.

Diese Taschen halten sehr lange, müssen nicht nach 2–3 Monaten weggeworfen werden. Dadurch entsteht weniger Müll und das schont die Umwelt.

Die Menschen, die die Taschen herstellen, arbeiten unter guten Bedingungen, sie erhalten faire Löhne, Kinderarbeit ist ausgeschlossen.

1 Erklärt, warum Lara in diesem Beispiel nachhaltig handelt.
- Was ist bei ihrer Überlegung wirtschaftlich?
- Was ist bei der Überlegung ökologisch und sozial?

Nachhaltig und klug handeln – teste dich!

2 Arbeite mit einem Partner.

a) Lest die Beispiele durch.
b) Einigt euch für eine Lösung, begründet dabei eure Entscheidung.
c) Stellt eure Ergebnisse in der Klasse vor.

1. An der Kasse:
Du hast eingekauft und hast deine Einkaufstasche zu Hause vergessen. Du hast noch 2 Euro dabei. Was würdest du kaufen: eine Plastiktüte oder eine Tasche aus Baumwolle?
Was spricht für die Plastiktüte? Was spricht dagegen?
Was spricht für die Baumwolltasche? Was spricht dagegen?

2. Frühstück kaufen:
Du hast 5 Euro dabei und sollst Bananen, Milch und Brötchen kaufen.
Wofür entscheidest du dich? Was spricht dafür/dagegen?
Bananen: normal/aus Fairtrade
Milch: H-Milch/Frischmilch/BIO-Milch
Brötchen: aus dem Supermarkt/nebenan vom Bäcker

3. Kleidung kaufen:
Du hast 50 Euro gespart und möchtest heute für Kleidung ausgeben.
Wofür entscheidest du dich? Was spricht dafür/dagegen?
Hose: normale No-Name Jeans/Markenjeans
T-Shirt: normal/aus Bio-Baumwolle/von Fairtrade

4. Etwas Teueres kaufen:
Für die nächste Klassenfahrt möchtest du eine neue Kamera kaufen.

Wie gehst du vor?
a) Schnell in den nächsten Großhandel gehen und dort das günstigste Angebot schnappen.
b) In ein Fachgeschäft gehen und mich beraten lassen. Falls ich eine gute Kamera finde, kaufe ich dort.
c) Ich bestelle das neueste Modell einfach aus dem Internet.
d) Ich würde mich zuerst in mehreren Geschäften informieren. Dann die Preise und die Qualität vergleichen. Erst dann gehe ich in ein Warenhaus und hole mir die Kamera.

Wir erkunden unseren Wirtschaftsraum

Die Klasse 9b möchte die Wirtschaft in ihrer Region besser kennen lernen. Sie planen eine Erkundung in Projektarbeit. Herr Kaiser, der Wirtschaftsexperte, unterstützt sie dabei.

Was ist eine Region?

Einen Wohnort und seine Umgebung nennen wir Region. Dazu gehören das Wohngebiet, das Gewerbegebiet, die landwirtschaftlichen Nutzflächen, die Verkehrswege, das Erholungsgebiet und der Naturraum.

1: Wald
2: See
3: Sportanlagen
4: Wohngebiet
5: Gewerbegebiet
6: Autobahn
7: landwirtsch. Felder

1 a) Was könnt ihr alles auf diesem Luftbild erkennen?
b) Zu welchem Gebiet der Region gehören sie? Ordnet zu.

Der See und der Wald gehören zum Naturraum.

2 Wo liegt euer Wohnort? Wie heißt eure Region?

3 Beschreibt kurz eure Region:

städtisch / eher ländlich; viele Betriebe und Industrie / viel Landwirtschaft;
viel oder wenig Naturraum / Naturschutzpark / Tourismus
Verkehrsanbindungen: Flughafen / Bahnhof / Autobahn / Hafen / Straßennetz

Was ist „ein regionaler Wirtschaftsraum"?

Wir sind alle Teilnehmer am Wirtschaftsgeschehen in unserem Wohnort oder in unserer Umgebung. Wir wohnen, arbeiten, lernen dort; wir gehen dort einkaufen, ins Kino oder zum Sport. Wir nehmen verschiedene Dienstleistungen in Anspruch. Das alles zusammen nennen wir regionalen Wirtschaftsraum.

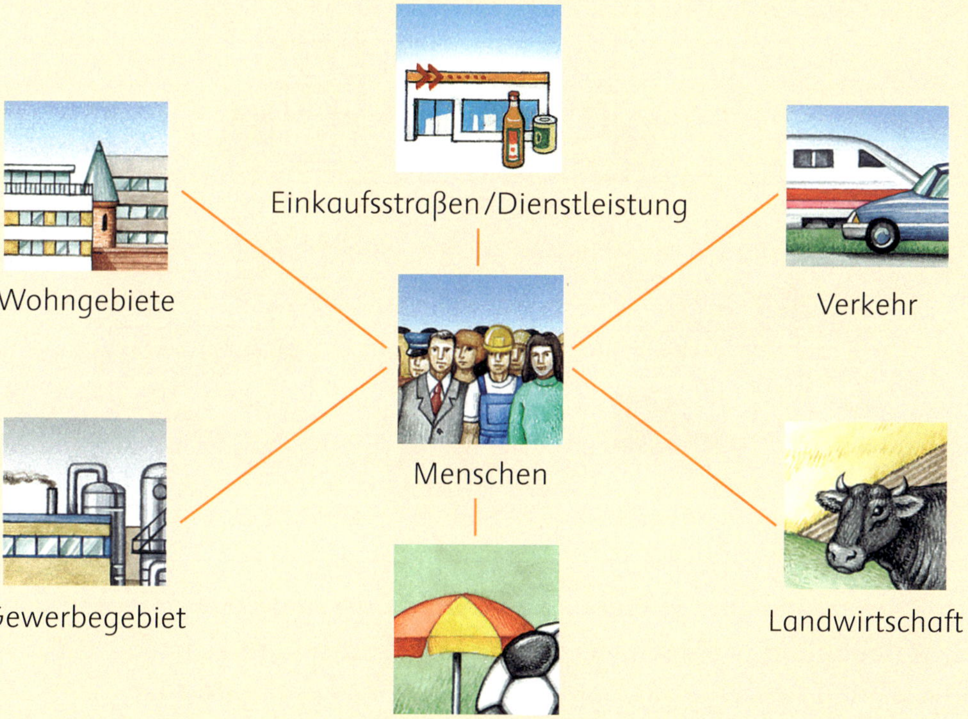

4 Was gehört alles zu einem regionalen Wirtschaftsraum? Nennt konkrete Beispiele zu den Feldern oben.

Darum geht es …
Auf den folgenden Seiten findet ihr Wahlthemen.
Ihr werdet ein Gewerbegebiet kennen lernen und einen Betrieb näher untersuchen. Auch weiterführende Themen zu unserer Wirtschaftsordnung sind dabei. Zu jedem Thema gibt es Infotexte, Bilder und Forscheraufgaben. Ihr könnt die Themen einzeln, mit einem Partner oder in der Gruppe bearbeiten.

Wahlthema 1: Was ist los in einem Gewerbegebiet?

A) Betriebe in unserem Wirtschaftsraum

Fast jede Region hat ein oder mehrere Gewerbegebiete. Hier siedeln die verschiedenen Unternehmen an und bauen ihre Betriebe aus. Warum gibt es den Betrieb an diesem Ort? Dafür gibt es mehrere Gründe.

Ein Betrieb braucht viel Platz. Die Produktions- und Lagerhallen und die Bürogebäude nehmen viel Fläche in Anspruch und es ist wichtig, dass die Versorgung mit Strom, Energie und Wasser gelöst ist. Betriebe brauchen Rohstoffe, die angeliefert werden müssen. Sie stellen Produkte her, die nach der Fertigstellung abtransportiert werden. Dafür sind gut ausgebaute Verkehrswege wichtig. Das alles nennen wir auch Infrastruktur.

Ein Betrieb braucht Menschen, die dort arbeiten. Für den Betrieb ist wichtig, dass sie genügend und gut ausgebildete Arbeitskräfte haben.

Für die Ansiedlung eines Betriebes sind verschiedene Bedingungen notwendig. Diese Bedingungen nennen wir Standortfaktoren.

Wahlthema 1: Was ist los in einem Gewerbegebiet?

1 Erkundet gemeinsam ein Gewerbegebiet in eurer Nähe.
- Welche Betriebe gibt es dort?
- Seit wann gibt es dort diese Betriebe?
- Welche Standortfaktoren spielen dabei eine Rolle?

Ihr könnt eine Betriebserkundung in einem Gewerbegebiet organisieren.

B) Warum sind Betriebe für eine Region wichtig?

Der Betrieb sichert Arbeitsplätze und Einkommen für die Bewohner. Er stellt Ausbildungsplätze zur Verfügung für junge Menschen, bietet also eine Perspektive für die Zukunft. Und Betriebe zahlen Steuern in die Kasse der Kommune*. Wenn es also viele Betriebe in einer Region gibt, dann ist es vorteilhaft für die Lebensqualität. Auch das Freizeit-, Kultur- und Sportangebot einer Region wird von den Betrieben mitgestaltet. Das geschieht oft durch Sponsoring.**

Wenn es zu wenig Betriebe in einer Region gibt, dann kann es zu einer hohen Arbeitslosigkeit führen. Die Kaufkraft der Einwohner sinkt, das heißt, die Menschen können sich weniger leisten. Es kann dazu führen, dass sowohl die Menschen (Arbeitskräfte) als auch die Betriebe abwandern und eine neue Gewerbeansiedlung suchen. Wenn es zu viele Betriebe in einer Region gibt, kann das auch Nachteile mit sich bringen. Viele Betriebe an einem Ort können die Umwelt belasten. Dazu gehören Luft- und Wasserverschmutzung sowie Lärm.

*Kommune: Gemeinde, Verwaltungseinheit
**Sponsoring: finanzielle Förderung einer Veranstaltung durch ein Unternehmen

2 Welche Vorteile hat es, wenn es in einem Gebiet genügend Betriebe gibt?
- Was kann passieren, wenn es zu wenig Betriebe gibt?
- Was kann passieren, wenn es zu viele Betriebe gibt?

3 Wie ist es in eurer Region?
Könnt ihr dafür Beispiele aus eurer Region nennen?

Wahlthema 2: Welche Aufgaben erfüllt der Staat in unserem Wirtschaftsraum?

1 Beschreibt das Bild.
Welche öffentlichen Einrichtungen könnt ihr entdecken?

der Kindergarten
der Spielplatz

die Grundschule
die Polizei
die Feuerwehr

das Rathaus
das Krankenhaus
das Stadtmuseum

Wusstest du das schon?

Jede Gemeinde oder jede Stadt hat verschiedene öffentliche Einrichtungen. Dazu gehören Schulen, Kindergärten, Krankenhäuser und auch das Rathaus und die Polizei. Diese Einrichtungen werden vom Staat finanziert. Auch die Menschen, die dort arbeiten, zum Beispiel Lehrer, Polizisten, Beamte, werden vom Staat bezahlt. Der Staat verwendet dafür die Einnahmen aus Steuergeldern.

Wahlthema 2: Welche Aufgaben erfüllt der Staat in unserem Wirtschaftsraum?

Der Staat hat viele Aufgaben und Ausgaben im regionalen Wirtschaftsraum. Wir sprechen dabei oft über die Aufgaben der Gemeinde oder Kommune.

2 a) Welche Tätigkeiten könnt ihr auf den Bildern erkennen?
b) Begründet, warum diese Tätigkeiten für alle Bürger der Gemeinde wichtig sind.

Staatliche Unterstützungen

Der Staat unterstützt eine Region mit bestimmten Maßnahmen. Die arbeitslosen Menschen in einer Region erhalten Arbeitslosengeld. Das ist ein Teil der Sozialversicherungen und gehört zu den Grundprinzipien der sozialen Marktwirtschaft. Die Agentur für Arbeit unterstützt bundesweit die Menschen ohne Arbeit mit Beratungen, verschiedenen Maßnahmen und Bildungsangeboten. Der Staat kann auch den Ausbau des Straßennetzes und die Erschließung von neuen Gewerbegebieten fördern. Sowohl der Straßenbau als auch die angrenzenden Industriestandorte schaffen Arbeitsplätze für die Region.

3 a) Wie kann der Staat unterstützend in die Wirtschaft eingreifen?
b) Gibt es dafür Beispiele aus eurer Region? Sprecht darüber.

4 Besucht eine kommunale Einrichtung in eurer Gemeinde. Berichtet darüber in der Klasse.

Wahlthema 3: Ein Unternehmen handelt global

Frau Peters ist Kassiererin in einem großen Verbrauchermarkt. Sie erzählt:

„Der Großhandel gehört zu einer Handelskette, die europaweit vertreten ist. Viele Waren kommen aus dem Ausland: Obst und Gemüse aus Südeuropa, Fleischwaren aus Osteuropa, Holzmöbel aus Nordeuropa. Bei uns gibt es auch Waren aus fernen Ländern, zum Beispiel Reis aus Indien oder Kaffee aus Südamerika. Ich weiß auch, dass viele Waren aus Deutschland ins Ausland ausgeführt werden. Dazu gehören: elektrische Haushaltsgeräte, Fernseher, Unterhaltungselektronik, Sportgeräte, Glaswaren und optische Geräte. Diese Waren aus Deutschland sind weltweit sehr gefragt."

Die Einfuhr von ausländischen Waren nennen wir Import. Die Ausfuhr von einheimischen Waren ins Ausland nennen wir Export.

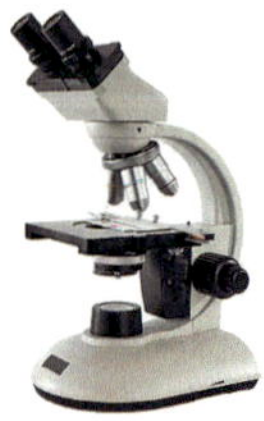

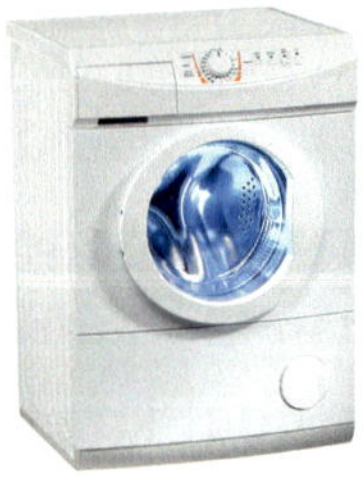

1 Welche Güter werden aus dem Ausland importiert? Welche Güter werden aus Deutschland ins Ausland exportiert? Zählt Beispiele auf.

2 Informiert euch über die Betriebe in eurer Region.

a) Jede Gruppe wählt einen Betrieb aus.
b) Sucht Informationen zum Betrieb im Internet.
c) Stellt eure Ergebnisse in der Klasse vor.

→
- **Was** stellt der Betrieb her?
- **Wo** werden die Produkte hergestellt?
- **Wo/Wohin** werden die Waren verkauft?

Wahlthema 3: Ein Unternehmen handelt global

Welche Folgen hat die Globalisierung auf den regionalen Wirtschaftsraum? Herr Kaiser erzählt:

„Viele Betriebe überlegen, ihre Produktion über die Landesgrenzen hinaus zu erweitern. Wenn ein Unternehmen sich für einen geeigneten Standort entscheidet, sind dabei folgende Faktoren wichtig:

- Wie hoch sind die Kosten für Löhne?
- Wie entwickelt ist die vorhandene Infrastruktur?
- Wie viel Steuern muss man dort zahlen?
- Gibt es genügend geeignete, gut ausgebildete Arbeitskräfte?"

Es kommt oft vor, dass ein Unternehmen aus diesen Gründen die Produktion in das Ausland verlegt. Das kann sich nachteilig auf die Wirtschaftskraft der Region auswirken.

3 Erklärt, warum einige Unternehmen die Produktion ins Ausland verlagern. Kennt ihr Beispiele dafür aus eurem Wirtschaftsraum?

4 Wem nutzt und wem schadet die Globalisierung? Sammelt Argumente dafür und dagegen. Führt eine Diskussion über die Vorteile und Nachteile der Globalisierung in der Klasse.

Eine Idee verwirklichen: das CD-Regal

Burak und Marcel brauchen Platz.

Am Wochenende haben sich Burak und Marcel verabredet. Sie treffen sich bei Marcel zu Hause und wollen am Computer spielen. Aber: Es gibt ein Problem! In Marcels Zimmer ist kaum Platz, um sich irgendwo gemütlich hinzusetzen. Überall liegen CDs! Sie brauchen Platz. Aber: Wohin mit den vielen CDs?

1 Was könnten die beiden machen?

Burak hat eine Idee!

2 Lest das Gespräch mit verteilten Rollen vor.

Burak: Wir können doch ein CD-Regal selber bauen.
Marcel: Wo denn? Hier in meinem Zimmer?
Burak: Nein, wir haben doch einen Werkraum in der Schule!
Marcel: Kennst du dich denn dort aus?
Burak: Na klar! Da haben wir alle Werkzeuge, die wir brauchen.
Marcel: Und das reicht schon aus für ein CD-Regal?
Burak: Naja, Holz werden wir auch noch brauchen!
Marcel: Und was machen wir dann mit dem Holz?
Burak: Das steht doch alles im Bauplan drin!
Marcel: Ein Bauplan? Wo bekommen wir den denn her?
Burak: Du, wir gehen einfach mal zusammen zu unserem Werklehrer, Herrn Seidel, und fragen ihn um Rat.

3 Was haben sich Burak und Marcel überlegt?
Was werden sie tun?

Darum geht es ...
In diesem Kapitel werdet ihr einen neuen Fachraum kennen lernen und euch mit den Regeln im Werkraum vertraut machen. Nach einer Einführung zu den Werkzeugen und Werkstoffen könnt ihr nach einer Anleitung ein CD-Regal aus Holz bauen.

Im Werkraum: die Regeln

Burak und Marcel gehen zu dem Werklehrer.

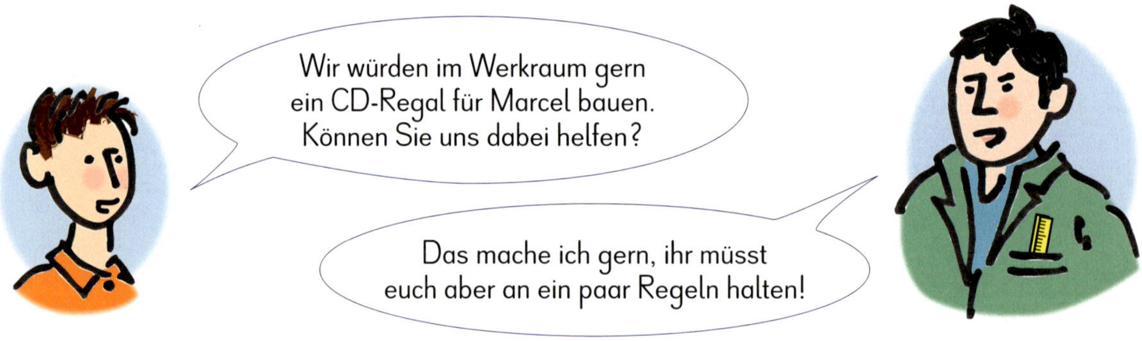

Ihr dürft nur mit einem Lehrer in den Werkraum.

Im Werkraum gibt es Werkzeuge und Maschinen, die nur unter Aufsicht benutzt oder bedient werden dürfen.

Ihr müsst geeignete Arbeitskleidung tragen.

Weite Kleidungsstücke, Schals, Ketten und lange Haare können sich in den Maschinen verfangen. Legt vor der Arbeit Uhren und Schmuck immer ab.

Ihr geht sorgsam mit den Werkzeugen um.

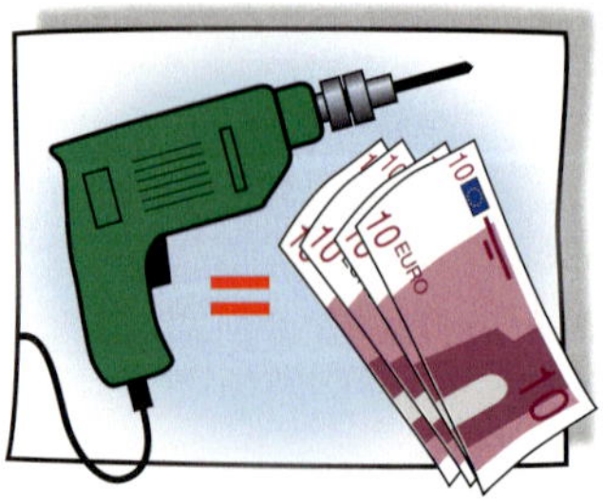

Werkzeuge sind wertvoll und kosten viel Geld! Auch andere Schüler möchten noch damit arbeiten.

Im Werkraum: die Regeln

Ihr haltet Ordnung am Arbeitsplatz.

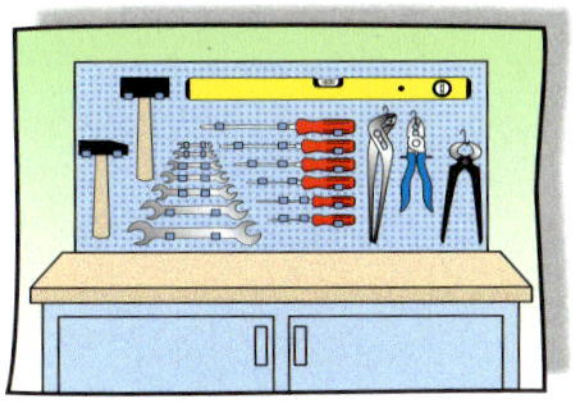

Nur an einem ordentlichen und übersichtlichen Arbeitsplatz kann man planvoll und ohne Störung arbeiten.

An die Maschinen dürft ihr nur nach vorheriger Einweisung.

Um Verletzungen zu vermeiden, musst du wissen, was die Maschine macht und wovor du dich in Acht nehmen musst.

Sagt auch bei der kleinsten Verletzung sofort Bescheid.

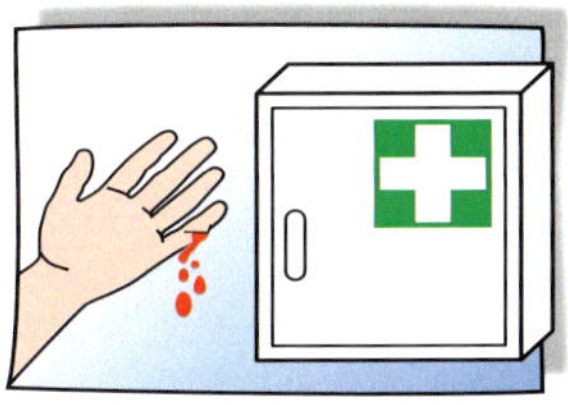

Nur so kann sofort Erste Hilfe geleistet werden. Auch die kleinste Wunde muss rechtzeitig versorgt werden.

Räumt die Sachen hinterher wieder an ihren richtigen Platz.

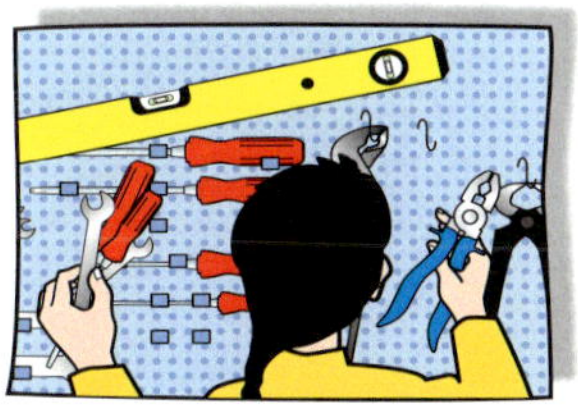

Auch du erwartest einen aufgeräumten Arbeitsplatz und möchtest die Werkzeuge nicht erst suchen müssen.

Macht den Werkraum gemeinsam wieder sauber.

Jeder macht seinen Arbeitsplatz wieder sauber. Müll und Stoffreste müssen entsorgt werden. Der Boden wird gefegt.

1 Warum ist es wichtig, diese Regeln im Werkraum einzuhalten?

Im Werkraum: die Werkzeuge

Im Werkraum findet ihr viele verschiedene Werkzeuge.

Was sind Werkzeuge?

Werkzeuge sind Arbeitsmittel und Geräte, mit denen man aus einem Werkstoff ein Werkstück herstellen kann. Schon die Steinzeitmenschen benutzten einfache Werkzeuge. Sie haben aus Stein Faustkeile hergestellt. Jedes Werkzeug hat einen Namen und eine Aufgabe. Manche Werkzeuge braucht man öfter, andere seltener.

Hier seht ihr eine Werkzeugschublade.

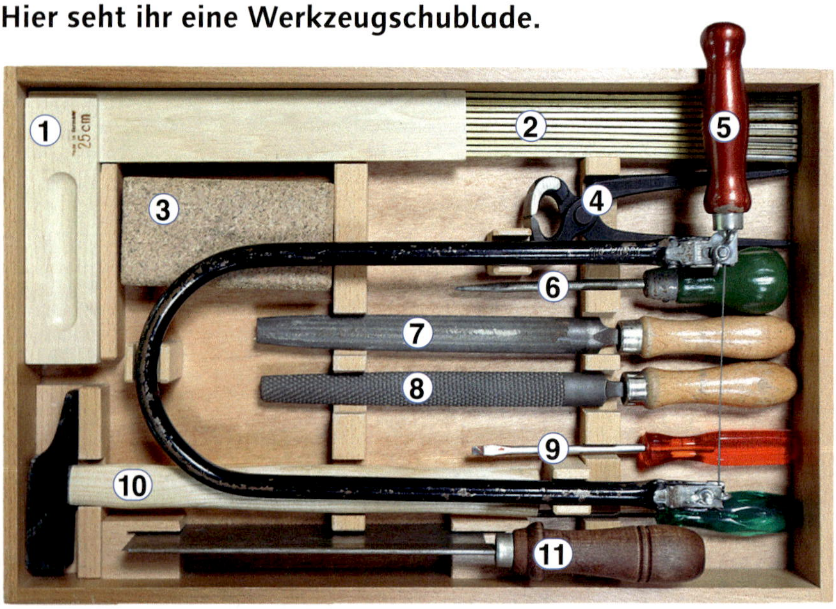

1. der Winkel
2. der Zollstock
3. der Schleifklotz
4. die Kneifzange
5. die Laubsäge
6. der Vorstecher
7. die Feile
8. die Raspel
9. der Schraubendreher
10. der Hammer
11. die Feinsäge

1 Was ist in der Werkzeugschublade? Welche Werkzeuge kennt ihr?

2 Mit welchem Werkzeug kann man wohl …?

Nägel einschlagen, Nägel herausziehen, Leisten und Bretter sägen, Kurven sägen, Schrauben ein- und ausdrehen, Werkstücke ausmessen, Schraubenlöcher stechen, rechte Winkel anzeichnen, grob formen, fein formen, glätten

Beispiel: Hammer → Nägel einschlagen

Werkzeuge für die Holzbearbeitung

Jedes Werkzeug hat eine bestimmte Aufgabe.

Werkzeuge zum Prüfen und Messen

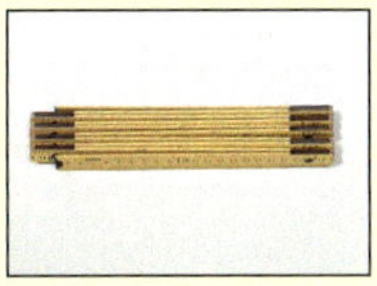
der Zollstock

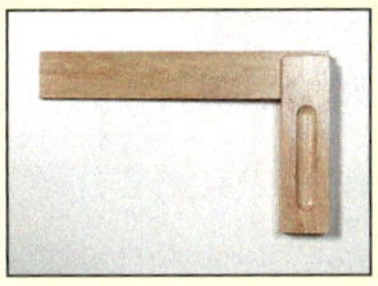
der Winkel

Werkzeuge zum Sägen
(Holzteile trennen)

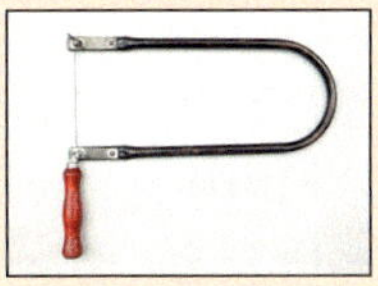
die Laubsäge

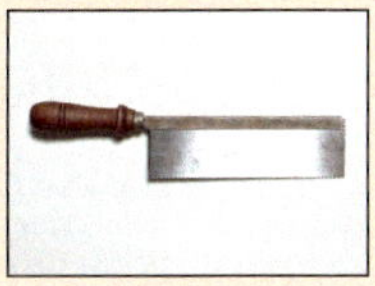
die Feinsäge

Werkzeuge zum Formen und Glätten

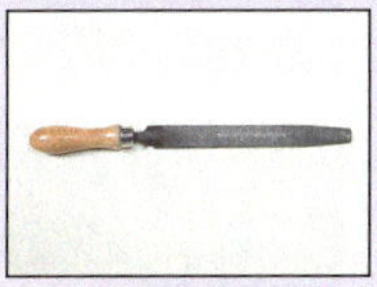
die Raspel

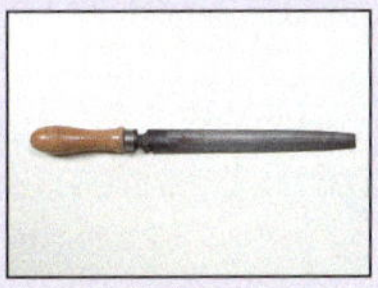
die Feile

das Sandpapier

der Schleifklotz

Werkzeuge zum Zusammenbauen
(von Holzteilen)

der Hammer

die Nägel

die Kneifzange

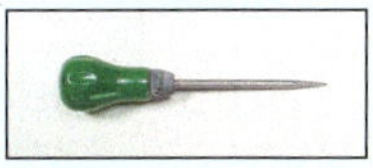
der Vorstecher

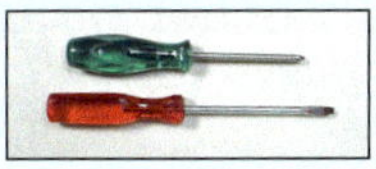
der Schraubendreher

die Schrauben

3 Sieh dir die Bilder an und ordne zu:
Mit welchem Werkzeug kann man …

Holzteile prüfen und messen / Holzteile formen und glätten / Holzteile sägen / Holzteile zusammenbauen

4 Welche Tätigkeiten sind hier dargestellt?

1

2

3

Was sind Werkstoffe?

Werkstoffe sind die Materialien, aus denen wir ein Werkstück herstellen können. Es gibt viele verschiedene Werkstoffe.

Kleine Werkstoffkunde

Werkstoffe können tierischer, pflanzlicher oder mineralischer Herkunft sein. Im Werkraum findet ihr verschiedene Werkstoffe wie Metall, Holz, Ton, Leder.

Im Werkraum arbeitet ihr oft mit dem Werkstoff Holz. Holz ist ein sehr vielseitiger Werkstoff und zählt zu den nachwachsenden Rohstoffen. Der Werkstoff Holz ist einer der ältesten und wichtigsten Rohstoffe und wurde schon von den frühen Kulturen zur Herstellung von Häusern, Möbeln und Gebrauchsgegenständen benutzt.
Holz ist leicht zu bearbeiten und benötigt bei der Verarbeitung viel weniger Energie als andere Rohstoffe. Da Holz ein pflanzlicher Rohstoff ist, muss es vor der Verarbeitung als Werkstoff getrocknet werden. Das geschieht in großen Trockenöfen. Danach wird es zu verschiedenen Formen wie Balken und Brettern geschnitten.

1 Mit welchen Werkstoffen habt ihr schon gearbeitet?
Was habt ihr über den Werkstoff Holz erfahren?

2 Was gehört zusammen? Ordne zu.
Schreibe zu jedem Werkstoff einen Satz auf.
Berücksichtige dabei die Herkunft und die Eigenschaften.

tierisch | pflanzlich | mineralisch | Holz | Metall | Ton | Leder

Holz-Werkstoffe im Werkraum

Leimholz

Spanplatte

Tischlerplatte

Sperrholz (Fichte)

Kantholz und Rundstäbe

Furnier*

* Furniere sind sehr dünne Platten aus Holz, die durch Sägen, Schneiden oder Schälen vom Baumstamm abgelöst werden.

3 Ordnet den Werkstoffen die Eigenschaften zu.
Manchmal versteckt sich im Namen, wie das Material aussieht.

Platte aus vielen Holzspänen – kreuzweise verleimte dünne Holzplatten – außen Furnier, innen Holzstäbe – nebeneinander geleimte Holzstäbe – runde Stäbe aus Holz – sehr dünne biegsame Holzplatte – rechteckiger Querschnitt mit vier Kanten

4 Welche Holz-Werkstoffe eignen sich für das CD-Regal?

a) Für Boden, Deckel und die Seitenteile brauchen wir festes Holz. Was eignet sich dafür?
b) Die Rückwand muss nicht viel tragen, sie sorgt vor allem dafür, dass die CDs nicht nach hinten herausfallen. Welches Werkmaterial eignet sich dafür?

Wir bauen ein CD-Regal

Burak und Marcel sind im Werkraum. Herr Seidel, der Werklehrer, ist auch dabei. Er zeigt und erklärt alles für sie.

So kann euer CD-Regal später aussehen:

Herr Seidel erzählt:

„Dieses CD-Regal ist so groß, dass ihr 24 CDs darin unterbringen könnt. Ihr könnt die CDs hochkant hineinstellen oder flach hineinlegen. Und wenn das Regal voll ist, könnt ihr ein zweites Regal bauen, das genau daneben oder darüber passt. Über die Werkzeuge und die Materialien haben wir schon geredet. Ihr braucht jetzt noch eine Anleitung, die euch sagt, was ihr mit dem Material und dem Werkzeug machen müsst. Ihr braucht also eine Bauanleitung für den Bau des CD-Regals."

Eine Bauanleitung besteht immer aus drei Teilen.

- Teil 1. Werkzeugliste:
  Hier steht, welche Werkzeuge ihr zum Bauen braucht.
- Teil 2. Materialliste mit Maßen:
  Hier steht, welches Material ihr braucht und wie groß die Teile sein müssen.
- Teil 3. Anleitung der Arbeitsschritte:
  Hier steht, was ihr mit den Werkzeugen und dem Material machen sollt.

Wir bauen ein CD-Regal

Teil 1. Werkzeugliste

Werkzeug	Tätigkeit
Bleistift	Maße aufzeichnen
Zollstock	Maße übertragen und abmessen
Winkel	Winkel prüfen
Feinsäge	Sägen der Leimholzbretter
Feile	Kanten brechen
Laubsäge	Rückwand aus Sperrholz aussägen
Vorstecher	Bohrlöcher markieren und vorstechen
Bohrer 4 mm	Schraubenlöcher bohren
Schraubendreher mit Kreuzschlitz	Schrauben eindrehen
Hammer	Rückwand festnageln
Schleifklotz und Sandpapier	Oberflächen glätten
Pinsel	Lasur auftragen

Teil 2. Materialliste mit Maßen

Menge	Funktion	Werkstoff	Dicke	Länge	Breite
2	Boden und Deckel	Leimholz Fichte	18 mm	320 mm	130 mm
3	Seitenteile und Mittelteil	Leimholz Fichte	18 mm	130 mm	130 mm
1	Rückwand	Sperrholz	3 mm	320 mm	166 mm
12	Befestigung der Regalbretter	Kreuzschlitz-Schrauben	3 mm	45 mm	
16	Befestigung der Rückwand	Nägel	1,5 mm	20 mm	

Ihr braucht noch 1 Flasche Holzleim und 1 Dose Holzlasur.

Aktion Wir bauen ein CD-Regal

1 Lest die Anleitung zuerst Schritt für Schritt durch.

Anleitung der Arbeitsschritte

Schritt 1: Prüfen und messen

- Prüfe die Materialien und stelle alle Werkzeuge bereit.
- Übertrage die Maße sorgfältig auf die Holzstücke.

Schritt 2: Sägen und Feilen

- Säge mit der Feinsäge die beiden großen Bretter für Boden und Deckel zu. Sie sind genau gleich groß.
- Säge jetzt mit der Feinsäge die drei kleinen Bretter zu. Sie sind auch gleich groß.
- Säge mit der Laubsäge auf dem Laubsägetisch die Rückwand aus.
- Breche mit einer Feile ganz leicht alle Kanten.

Schritt 3: Bohren und Schrauben

- Zeichne die Löcher für die Schrauben an.
- Steche die Löcher zuerst vor und bohre sie dann vorsichtig unter Anleitung des Lehrers aus.
- Gib einen dünnen Streifen Holzleim auf die Oberseite der Rückenwand eines der kleinen Bretter und setze vorsichtig das Ende eines großen Bretts darauf. Gib in jedes Schraubenloch eine Schraube und klopfe sie mit dem Hammer an.
- Drehe die Schrauben dann mit dem Schraubendreher fest.
- Verfahre genauso mit dem kleinen Brett auf der anderen Seite.
- Baue nun auch das kleine Brett in der Mitte genauso ein.

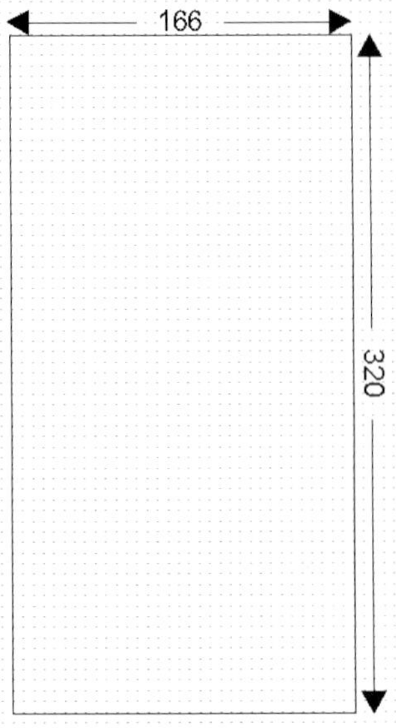

Rückwand

Wir bauen ein CD-Regal

Schritt 4: Holzteile leimen und zusammenbauen

- Drehe das CD-Regal um und gib auf die Oberseite der drei kleinen Bretter je einen dünnen Streifen Holzleim.
- Setze dann vorsichtig das zweite große Brett auf. Gib in jedes Schraubenloch eine Schraube und klopfe sie vorsichtig an. Achte darauf, dass das Regal gerade bleibt.
- Zieh die Schrauben dann wieder mit dem Schraubendreher fest, bis sie nicht mehr über das Holz hinausschauen.
- Gib rundum auf alle Bretter der Rückseite einen dünnen Streifen Holzleim. Lege die Rückwand gerade auf und nagele sie fest.

Schritt 5: Oberfläche glatt schleifen

- Nun musst du das CD-Regal noch mit dem Schleifklotz und dem Sandpapier schön glatt schleifen.

Schritt 6: Oberfläche behandeln

- Zum Schluss soll das CD-Regal zum Schutz vor Schmutz und Feuchtigkeit mit der Bienenwachslasur gestrichen werden.
- Gut trocknen lassen und fertig ist es zum Einräumen.

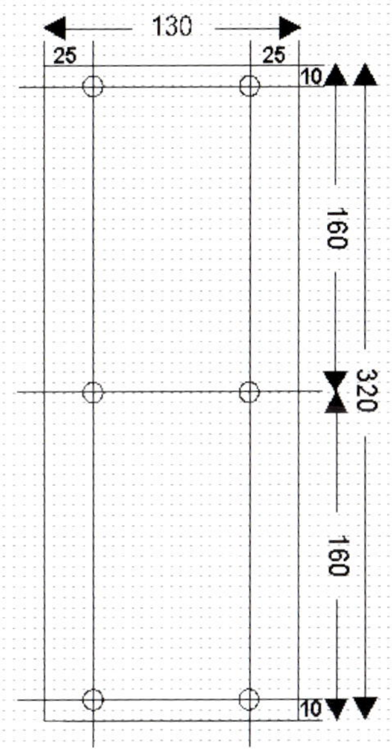

Boden und Deckel

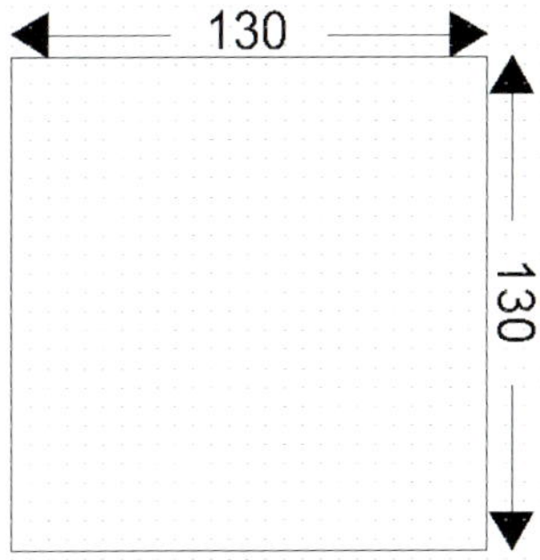

Zwischenwand und Seitenteile

2 Ihr könnt auch ein CD-Regal bauen.
Geht so vor wie Burak und Marcel in unserem Beispiel.

Am Seitenrand findet ihr die technischen Skizzen dazu.

Auf der nächsten Seite findet ihr noch praktische Tipps zur Bauanleitung.

Praktische Tipps zu den Arbeitsschritten

Prüfen und Messen

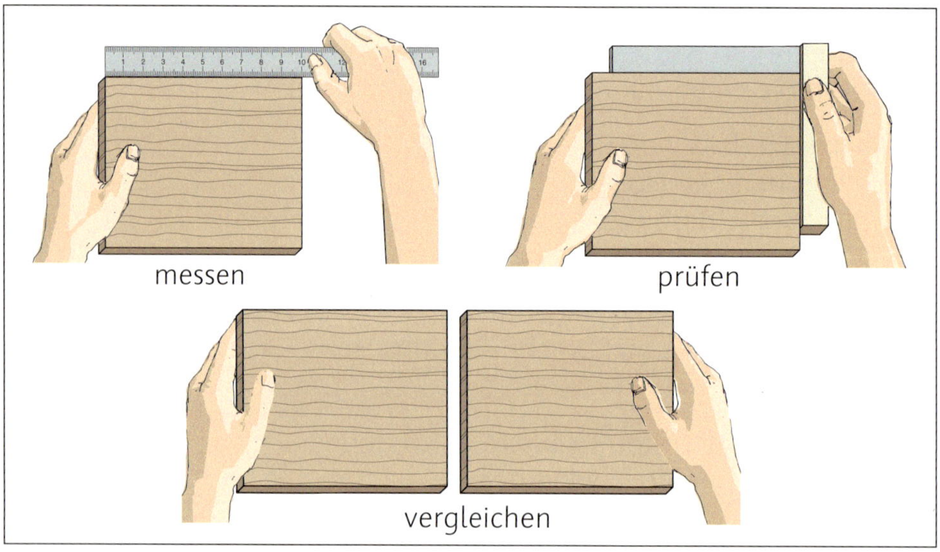

Sägen und Feilen

- Spannt das Werkstück so ein, dass möglichst viele Sägezähne im Eingriff stehen.
- Nutzt beim Sägen die gesamte Länge des Sägeblattes.
- Nutzt beim Feilen die gesamte Länge des Feilenblattes aus.
- Feilt immer in Richtung der Holzfasern.

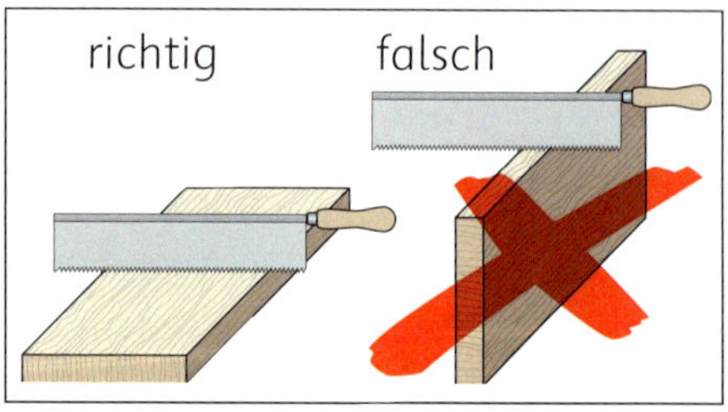

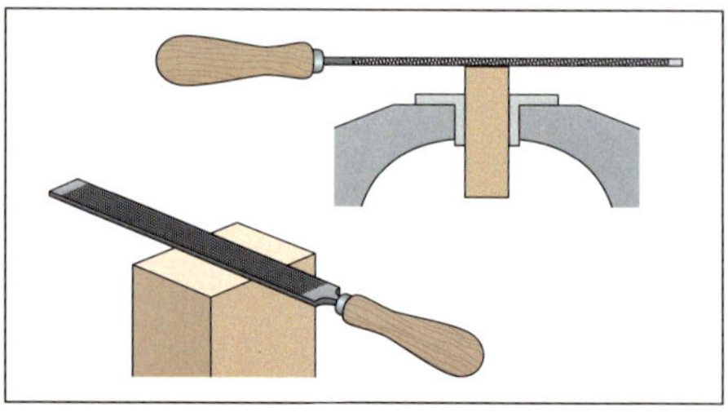

Schleifen und Lasieren

- Faltet das Sandpapier vorher in vier Teile, dann passt es besser zum Schleifklotz.
- Vor dem Lasieren prüfen:
  Sind die Flächen glatt, sauber und fettfrei?
- Streicht immer in Richtung der Holzmaserung. Dann wird die Oberfläche richtig schön.

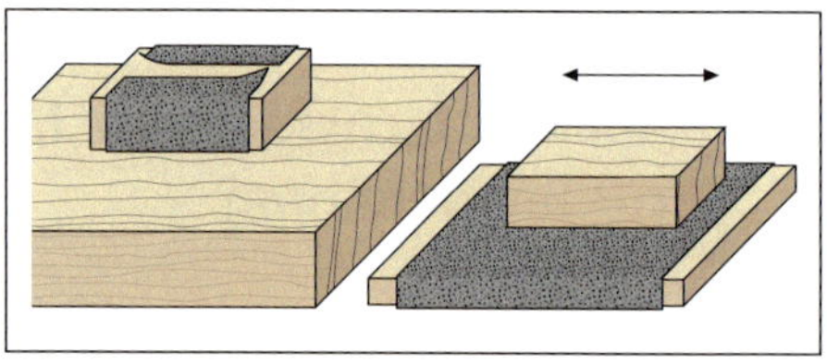

Das kann ich!

In diesem Kapitel hast du gelernt, …

… dass es im Werkraum wichtige Regeln zu deinem Schutz gibt. ✓

Gestaltet dazu ein Regelplakat:
1. Wie heißen die Regeln?
2. Warum schützt sie euch?
3. Was würde passieren, wenn ihr sie nicht beachtet?

Hängt eure Regeln an gut sichtbaren Stellen im Werkraum auf. Sprecht euch vorher mit dem Lehrer ab, der für den Werkraum verantwortlich ist!

… dass es viele Werkzeuge für unterschiedliche Aufgaben gibt. ✓

Welche Werkzeuge findet ihr in der Werkzeugschublade? Wofür braucht man sie im Werkraum?
Schreibt die Sätze so in euer Heft:

Den Hammer braucht man zum …

… dass es viele Werkstoffe mit unterschiedlichen Eigenschaften gibt. ✓

Nenne typische Eigenschaften vom Werkstoff Holz. Schreibe in ganzen Sätzen. Berücksichtige dabei die Herkunft, die Verwendung und die verschiedenen Arten vom Werkstoff Holz.

… dass dir eine Bauanleitung hilft. ✓

Aus welchen Teilen sollte eine Bauanleitung bestehen?
Schreibt auf:
Teil 1. …   Teil 2. …   Teil 3. …

Was muss man zu allererst mit jeder Bauanleitung tun?

Wenn du ein Holzregal gebaut hast, lass es dir von deinem Werklehrer bescheinigen. Hefte diesen Schein in deinen Berufswahlordner.

Werkzeuge und Maschinen im Betriebspraktikum

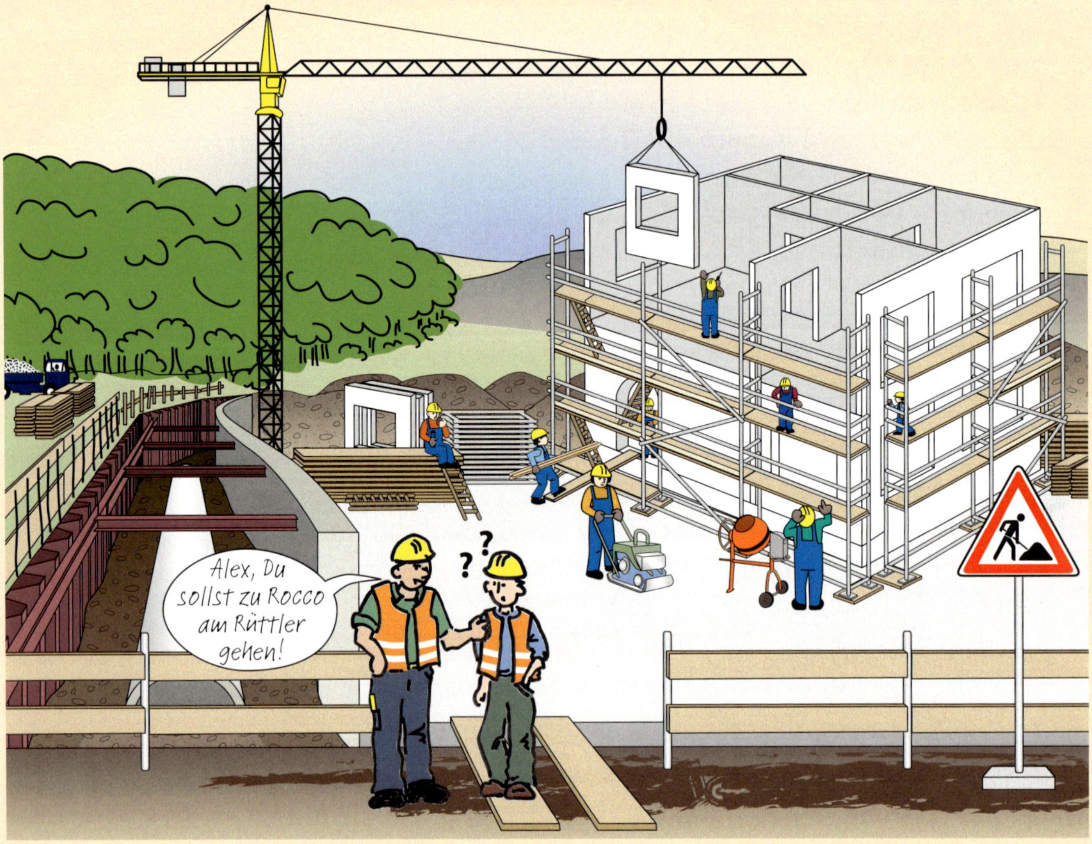

Alex macht sein erstes Betriebspraktikum auf der Baustelle. Sein Chef sagt, Alex soll zu Rocco am Rüttler gehen. Er soll Rocco helfen. Alex kennt Rocco nicht und er weiß auch nicht, was ein Rüttler ist. Wo soll er denn jetzt hingehen?

1 Beschreibt die Tätigkeiten auf dem Bild.

2 Welche Maschinen und Geräte könnt ihr erkennen?

3 a) Was ist wohl ein Rüttler?
b) Wo findet ihr ihn im Bild?

Du kannst dein Schülerbetriebspraktikum in vielen verschiedenen Betrieben machen. Jeder Betrieb hat seine eigenen Regeln, eigene Werkzeuge und Maschinen.
Du solltest dich vorher mit ihnen vertraut machen.

a

b

1
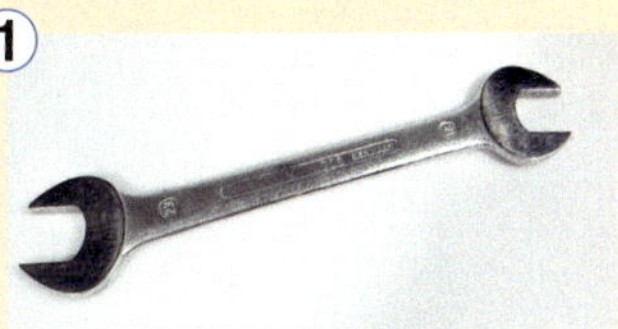

2

c

d

3

4
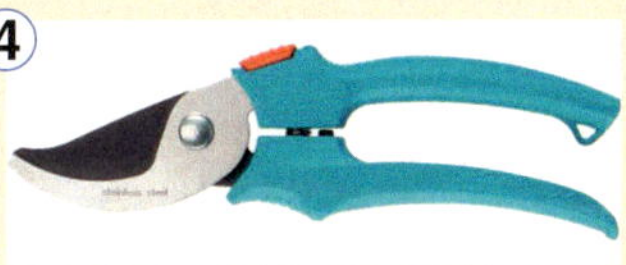

4 Welche Betriebe kennst du schon?

5 Welches Werkzeug oder Gerät passt zu welchem Bild?

Darum geht es ...

In diesem Kapitel wirst du verschiedene Werkzeuge, Geräte und Maschinen kennen lernen, die man auf der Baustelle, in der Autowerkstatt, im Gartenbau und in der Großküche braucht.

Auf der Baustelle

Während Alex weiter nach Rocco mit dem Rüttler sucht, sieht er die Maurer. Sie tragen einen gelben Schutzhelm.

Sie haben einen großen Mörtelkübel, aus dem sie mit einer Maurerkelle Mörtel auf ein Mauerstück packen und dann einen Ziegelstein darauflegen. Wenn nicht genug Platz für einen ganzen Stein ist, wird der Stein mit dem Maurerhammer geteilt. Mit der Wasserwaage prüft der Maurer, ob er gerade gearbeitet hat. Ein anderer Bauarbeiter verputzt eine Wand. Mit der Glättekelle verteilt er den angeworfenen Putz gleichmäßig auf der Wand. Das Reibebrett benutzt er, wenn der Putz angezogen ist, um der ganzen Wand ein einheitlich glattes Aussehen zu geben.

1 Welche Tätigkeiten auf der Baustelle habt ihr kennen gelernt?

2 Welche Werkzeuge benutzen Maurer?

3 Warum müssen Bauarbeiter einen Schutzhelm tragen?

Auf der Baustelle

**Alex sieht auch verschiedene Maschinen auf der Baustelle.
Und noch mehr Bauarbeiter mit Sicherheitshelmen.**

Der Bagger
Mit dem Bagger wird eine Baugrube ausgehoben, in die das Fundament und das Kellergeschoss eines neuen Hauses gebaut wird.

Der Radlader
Mit dem Radlader wird der Aushub auf einen LKW geladen und dann zu einer Bauschuttdeponie oder an einen Lagerplatz gebracht.

Der Rüttler
Den Rüttler braucht man, um den Untergrund der Baugrube zu verdichten. Das macht den Boden der Baugrube glatt und fest.

Der Zementmischer
Mit dem Zement- oder Betonmischer wird aus Sand, Zement, Kies und Wasser Beton für das Fundament und Mörtel für die Mauern gemischt.
Auf größeren Baustellen sehen wir oft den Kran. Der Kran hebt benötigte Baumaterialen dorthin, wo sie gerade gebraucht werden. Je höher das Haus wird, umso größer muss auch der Kran sein.

1 Erkläre Alex, was ein Rüttler ist. Warum heißt er wohl so?

2 Welche Aufgaben haben die anderen Maschinen?
Schreibe die Aufgaben auf:

Der Bagger hebt die …
Der Radlader lädt den …
Der Rüttler verdichtet …
Der Zementmischer …

In der Autowerkstatt

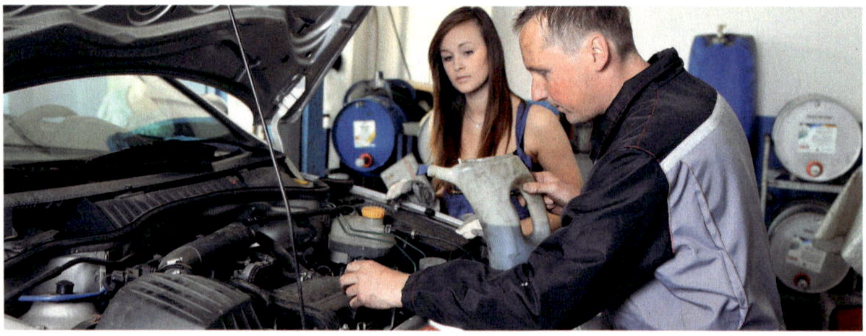

Laura macht ihr Praktikum in einer Autowerkstatt. Heute kommt Frau Vogt und möchte eine Inspektion an ihrem Auto machen lassen. Der Meister braucht dazu verschiedene Werkzeuge.

Er braucht den Maulschlüssel, um Schrauben zu lösen und wieder fest anzuziehen. Er kontrolliert damit die Schrauben des Kühlsystems.

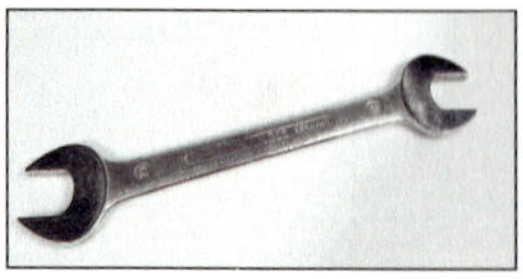

Beim Ölwechsel benutzt er den Ringschlüssel. Damit löst er die Ölablass-Schraube des Motors. Wenn er frisches Öl eingefüllt hat, zieht er die Schraube wieder fest.

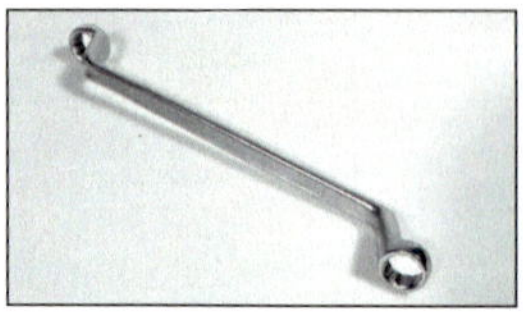

Den Drehmomentschlüssel braucht er, um Schrauben oder Muttern mit einer bestimmten Kraft festzuziehen. Damit kontrolliert er die Ölablass-Schraube und die Radmuttern.

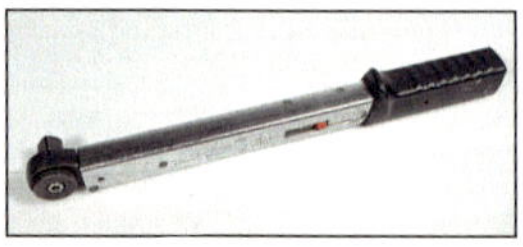

Wenn er nur einen engen Arbeitsraum hat, benötigt er eine Ratsche. Damit kommt er gut an die Einstellschrauben der Scheinwerfer.

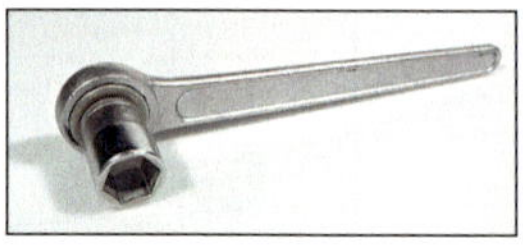

An der Lenkung muss ein Gelenk ausgetauscht werden. Der Meister braucht den Abzieher, um festsitzende Teile voneinander zu lösen. Der Abzieher ist ein Werkzeug zum Lösen verspannter Verbindungen.

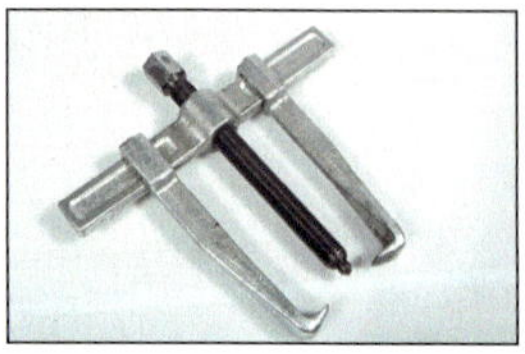

Den Steckschlüssel nimmt er, um Schrauben und Mutter mit hoher Kraft oder an unzugänglichen Stellen zu lösen oder anzuziehen. Mit diesem Schlüssel kann er sehr gut die Zündkerzen wechseln.

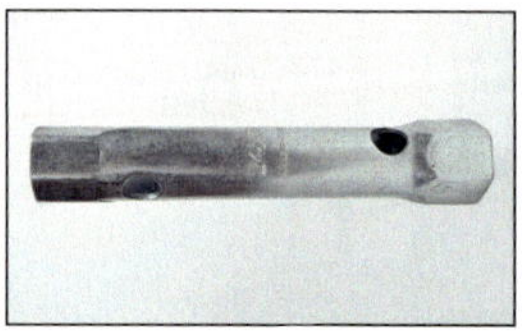

In der Autowerkstatt

Laura möchte sich die Werkzeuge merken. Sie notiert für sich: Welches Werkzeug brauchen wir wozu?

1 Hilf Laura beim Notieren. Schreibe so:

Maulschlüssel → zum Lösen und zum Anziehen von Schrauben

Geräte und Maschinen in der Autowerkstatt

Das Diagnosegerät braucht der Meister, um die Fehler-Meldungen des Bordcomputers zu lesen. Er schließt es einfach im Auto an eine Buchse an.

Wenn der Meister Reparaturen unter dem Auto am Auspuff oder an den Achsen machen muss, kann er das Auto mit der Hebebühne anheben.

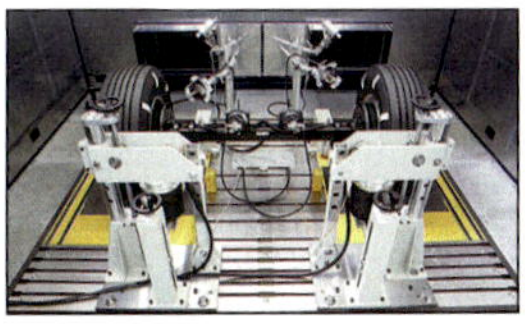

Der Bremsenprüfstand zeigt, ob die Bremsen an allen vier Rädern des Autos gleichmäßig und zufriedenstellend arbeiten.

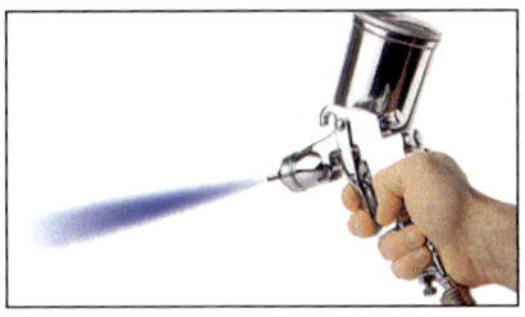

Mit der Lackierpistole kann er Teile der Karosserie oder das ganze Auto mit neuer Farbe versehen. Die Lackierpistole arbeitet mit Druckluft.

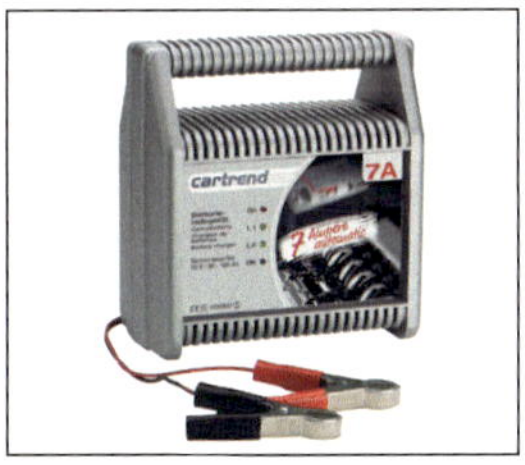

Oft braucht der Meister das Ladegerät, um leere Starterbatterien wieder aufzuladen. Mit dem Säureprüfer überprüft er anschließend den Zustand der Starterbatterie.

2 Wozu braucht der Meister die Geräte und Maschinen?

Das Diagnosegerät braucht der Meister, um …

3 Warum ist es wichtig, in der Werkstatt Sicherheitsschuhe zu tragen?

Beim Gartenbau

Jenni hat einen Praktikumsplatz in einer Gartenbau-Firma gefunden. Sie erzählt über ihre Arbeit:

Mit dem Spaten wird umgegraben oder ausgegraben. Er ist ein wichtiges Gartengerät.

Ist ein Beet umgegraben, muss es schön fein geharkt werden, um es für die Aussaat vorzubereiten. Dazu benutzen wir die Harke.

Die Pflanzschaufel oder den Pflanzstock braucht man, um die Wurzeln der jungen Pflanzen vorsichtig in die Erde einzusetzen.

Im Frühjahr und im Herbst müssen Pflanzen mit einer Ast- oder Rosenschere zurückgeschnitten werden, damit sie danach wieder gut austreiben.

Das Unkraut im Beet können wir am besten mit einem Unkrautstecher beseitigen. Der holt auch die Wurzeln des Unkrauts mit aus dem Boden.

Oft müssen Hecken in Form geschnitten werden. Dazu braucht man eine Heckenschere.

Jenni macht sich Notizen für ihre Praktikumsmappe. Sie notiert alle Werkzeuge und Geräte, die sie bei der Arbeit braucht.

1 Was passt zusammen? Ordne richtig zu:

der Spaten	Beete nach dem Umgraben fein harken
die Harke	Pflanzen zurückschneiden, damit sie gut austreiben
die Pflanzschaufel	Hecken in Form schneiden
die Rosenschere	Unkraut mit den Wurzeln aus dem Boden holen
der Unkrautstecher	umgraben, eingraben, ausgraben
die Heckenschere	junge Pflanzen vorsichtig in die Erde einpflanzen

Beim Gartenbau

Jenni hat eine neue Aufgabe bekommen. Sie wird lernen, wie ein Rasen gepflegt wird.

Im Frühling und im Herbst müssen Rasenflächen gelüftet werden. Der Vertikutierer* fährt dazu mit kleinen Messern durch den Boden und lockert ihn auf.

Danach kann man mit dem Streuwagen Rasenkalk, Rasendünger oder eine Rasennachsaat gleichmäßig auf der Fläche verteilen.

Nach der Raseneinsaat wird der Boden mit einer Rollwalze geglättet und die Rasensaat fest angedrückt.

Mit dem Aufsitzmäher werden große Rasenflächen gemäht. Das ist kraft- und zeitsparender als mit dem Spindelmäher.

Unter Büschen und Bäumen und an den Rändern großer Rasenflächen muss man mit dem Freischneider oder der Motorsense mähen. Das darf Jenni noch nicht. Diese Arbeit führen nur die Facharbeiter aus.

* Vertikutierer
Vertikal = von oben nach unten, Cut (englisch) = schneiden

2 Welche Maschinen hat Jenni bei der Rasenpflege kennen gelernt?

3 Was macht man mit den Maschinen? Vervollständige die Sätze:

Mit dem Vertikutierer wird … / Mit dem Streuwagen kann man …

4 Warum muss man bei der Gartenarbeit Schutzkleidung tragen?

In der Großküche

Tim macht sein Praktikum in einer Großküche. Dort findet er viele Geräte, von denen er einige schon von zu Hause kennt.

Geräte in der Großküche

Die Kochmesser sind größer und stabiler als die Messer zu Hause. Sie sind sehr scharf und der Koch muss beim Schneiden Kettenhandschuhe tragen. Das Schälmesser wird zum Schälen von Gemüse gebraucht. Kartoffeln schält hier eine Maschine. Der Gemüsehobel hilft Tim, verschiedene Gemüsesorten in mundgerechte Teile zu zerkleinern. Paletten, Wender und Spachtel findet man auch in der Großküche. Sie helfen beim Umdrehen von Gebratenem. Auch Kellen gibt es hier in verschiedenen Größen. Immer wieder findet Tim Zangen: für Gebäck, Brot, Eiswürfel, Würstchen, Salat und vieles andere.

1 Welche Geräte kennst du von zu Hause, welche aus dem Hauswirtschaftsunterricht?

In der Großküche

Vieles wird hier von Maschinen erledigt, weil Handarbeit zu lange dauern würde und die Mengen in der Großküche viel zu groß sind.

Der Schnellkochkessel ist ähnlich wie der Schnellkochtopf zu Hause. Damit werden Gemüse, Kartoffeln, Suppen und Soßen gekocht. Meistens stehen mehrere Kessel in einer Reihe.

Den Backofen kennt Tim von zu Hause. Nur ist der hier natürlich viel größer und viele Vorgänge laufen automatisch ab. Er wird auch Heißluft- oder Kombidämpfer genannt. In der Großküche benutzt man ihn zum Backen, Überbacken oder zum Braten.

Die Bain-Marie ist ein Küchengerät zum Warmhalten von Speisen. Das Essen wird in speziellen Schüsseln im heißen Wasserbad warm gehalten. Man nennt es auch „heiße Theke".

Der Küchenchef zeigt Tim auch die große Spülmaschine und die Spülstraße für das Geschirr. Hier passen sogar große Töpfe und Backbleche hinein.

2 Vergleiche die Geräte. Erstelle eine Tabelle und trage deine Ergebnisse ein.
- Wie nennt man das Gerät zu Hause? Wie in der Großküche?
- Wozu werden sie benutzt?

zu Hause	in der Großküche	braucht man zum
Wasserbad, Stövchen	Bain-Marie	Essen warm halten
…	…	…

Wir machen eine Ausstellung

Es gibt noch viele andere Werkzeuge und Maschinen in anderen Berufen. Ihr könnt dazu eine Befragung durchführen. Fragt den Hausmeister und die Schulsekretärin in eurer Schule. Fragt eure Eltern, Verwandte und Freunde, welche Werkzeuge und Maschinen sie in ihrem Beruf brauchen. Besorgt euch Bilder von den Werkzeugen und Maschinen und stellt sie in der Klasse vor.

Wichtige Informationen können sein:

- der Name
- das Aussehen
- das Material
- der Einsatzbereich
- der Beruf
- die Funktion

Hier siehst du ein Beispiel für einen Steckbrief.

Mein Werkzeug

Name: Gestellsäge

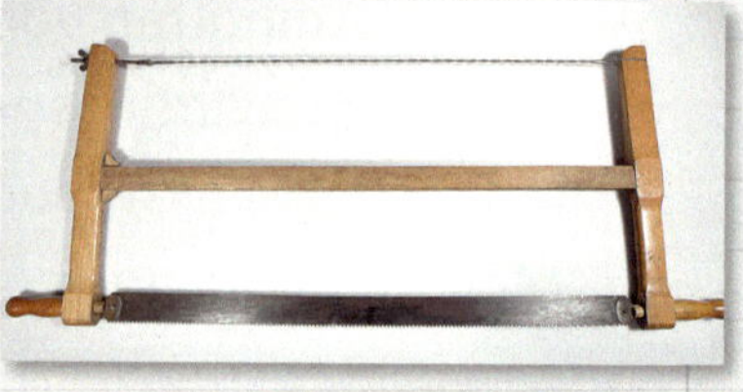

Eigenschaften:
Die Gestellsäge sieht aus wie ein H.
Sie besteht aus zwei senkrechten Sägeholmen und einem waagerechten Sägesteg. Zwischen den Füßen der Holme ist das Sägeblatt eingehängt. Man spannt es durch einen Draht oder eine Gewindestange an den Köpfen der Holme.

Einsatzbereich: Arbeiten mit Holz
Funktion: Man braucht die Gestellsäge zum Ablängen, Besäumen, Schlitzen, Absetzen

Berufe: Schreiner, Tischler, Zimmerleute

1 Erstelle einen Steckbrief zu einem Werkzeug und fülle ihn aus.

Macht gemeinsam eine Ausstellung mit den Steckbriefen von Werkzeugen und Geräten. Vielleicht könnt ihr euch die Werkzeuge oder Geräte auch ausleihen und mitbringen zu der Ausstellung.

Die Präsentation der ausgestellten Werkzeuge:

- Ordnet die Werkzeuge und Geräte den verschiedenen **Berufsgruppen** zu. Das könnten folgende Berufsgruppen sein:
  - Menschen, die auf dem Bau arbeiten
  - Menschen, die mit Pflanzen arbeiten
  - Menschen, die an Fahrzeugen arbeiten
  - Menschen, die mit Lebensmitteln arbeiten (…)
- Findet noch andere Berufsgruppen.
- Ihr könnt auch mit einem Partner oder in einer Kleingruppe arbeiten. Besprecht miteinander, wer welches Werkzeug vorstellen wird.
  - Zu welcher Berufsgruppe gehört dein Werkzeug?
  - Was ist das Besondere an deinem Werkzeug?
- Stellt eure Werkzeuge in der Klasse vor.

Das kann ich!

Werkzeuge
In meinem Betriebspraktikum werde ich folgende Werkzeuge vorfinden:

1 Wähle die Werkzeuge aus, die du in deinem Praktikum vorfinden wirst oder schon kennen gelernt hast.
In welchen Berufen brauchen wir diese Werkzeuge?
Wozu braucht man diese Werkzeuge? Schreibe auf.

<u>Beispiel:</u> Die Maurerkelle
Der Maurer braucht …
Er gehört zur Berufsgruppe der …
Er braucht die Maurerkelle, um …

Geräte und Maschinen

2 Ordne diese Geräte und Maschinen den richtigen Berufsgruppen zu.

Radlader | Diagnosegerät | Ladegerät | Vertikutierer

Motorsense | Dampfgarer | Kartoffelschälmaschine | Rüttler

Zementmischer | Druckluftschrauber | Hebebühne | Aufsitzmäher

Streuwagen | Rührwerk | Backofen | Bagger | Kran

Bremsenprüfstand | Lackierpistole | Rollwalze | Bain-Marie

Erstelle dazu eine Tabelle und trage die Begriffe ein.

Bau	Fahrzeuge	Pflanzen	Lebensmittel
...	...	...	...
...	...	...	...

Arbeiter in Betrieben müssen sich vor Gefahren schützen! Manche Tätigkeiten im Betriebspraktikum sind gefährlich. Manche sind so gefährlich, dass ihr sie gar nicht machen dürft. Die Leute im Betrieb, die diese Arbeit ausführen, müssen sich besonders schützen.

3 Wie schützen sich die Arbeiter auf der Baustelle vor einem Unfall?
- Warum tun sie das?
- Warum benutzen sie gerade diese Schutzkleidung?

4 Wähle einen Beruf aus diesem Kapitel aus und beschreibe, welche Unfallschutz-Regelungen für diesen Beruf gelten. Welche Schutzkleidung muss man tragen und warum? Begründe.

Was ist eine Schülerfirma?

Es gibt viel zu tun

In diesem Kapitel erfahrt ihr, was eine Schülerfirma ist, wie sie funktioniert, welche Aufgaben und Bereiche es gibt und wie ihr selber eine Schülerfirma gründen könnt.

1 Was stellst du dir unter einer Schülerfirma vor?

Fragen und Meinungen zum Thema Schülerfirma

Was macht denn da der Lehrer?

Endlich mal etwas Praxis!

Wie organisieren die das denn?

Super für die Berufsvorbereitung!

Kann ich denn da auch mal Chef sein?

Das ist Lernen mit Hand und Fuß!

Wo wollen die denn hier arbeiten?

Wir brauchen erst mal eine gute Idee!

Und was sagt dazu die Konkurrenz?

2 Welche Fragen und Ideen fallen dir noch ein?

Bei der Bewerbung um eine Lehrstelle

3 Warum finden Arbeitgeber gut, wenn man in einer Schülerfirma mitgearbeitet hat? Welche Rolle kann es bei einer Bewerbung spielen?

Wie eine Firma aufgebaut ist

In jeder Firma gibt es unterschiedliche Arbeitsbereiche. Dadurch kann man sich die Aufgaben in der Firma teilen.

Bereich Leitung

Die Geschäftsleitung ist der „Kopf" einer Firma. Sie kümmert sich um alle wichtigen Entscheidungen und Probleme. Sie ruft regelmäßige Sitzungen zur Planung der Arbeiten ein und leitet sie.

Bereich Buchhaltung

Die Buchhaltung kümmert sich um die Finanzen einer Firma. Im Kassenbuch wird festgehalten, wofür Geld ausgegeben und eingenommen wird. Hier werden auch die Tageskasse und das Geschäftskonto der Firma verwaltet.

Bereich Einkauf

Der Bereich Einkauf kümmert sich um die Materialbeschaffung. Die Mitarbeiter müssen Preise vergleichen und die günstigsten Angebote herausfinden. Dazu müssen sie in den Geschäften auch über Rabatte* verhandeln.

* Rabatt ist ein Nachlass von dem Preis, den eine Ware oder Dienstleistung normalerweise kostet.

Bereich Produktion

In der Produktion werden die Waren hergestellt oder die Dienstleistungen ausgeführt, die die Firma anbietet. Hier wird mit Werkzeugen, Geräten und Maschinen gearbeitet.

Bereich Vertrieb

Der Bereich Vertrieb kümmert sich um die Wünsche der Kunden und macht Werbung für die Produkte einer Firma. Es werden Angebote erarbeitet und den Kunden vorgestellt. In diesem Bereich hat man viel mit Menschen zu tun.

1 Welche Fähigkeiten und Fertigkeiten braucht man in den unterschiedlichen Arbeitsbereichen?

→ Gewusst wie! Wichtige Fähigkeiten S. 150–151

Jede Firma braucht eine Form

Jede Firma muss sich für eine Unternehmensform entscheiden. Vielleicht habt ihr schon mal diese Abkürzungen gesehen:

Das sind alles Rechtsformen für eine Firma. Jede Rechtsform hat ihre eigenen Regeln. Für eine Schülerfirma bieten sich zwei Rechtsformen an: die GmbH und die AG.

Die GmbH (Gesellschaft mit beschränkter Haftung)

Die Firmengründer zahlen ihr eigenes Geld in die Firma ein. Die Gründer müssen also selbst so viel Geld einzahlen, wie die Firma am Anfang braucht.

Vorteile für die Schülerfirma:

Die Firma gehört wirklich denen, die darin arbeiten. Sie bestimmen gemeinsam über die Firma.

Die AG (Aktiengesellschaft)

Eine AG gehört nicht nur ein oder zwei Leuten, sondern allen, die eine Aktie dieser Firma gekauft haben. Das sind die Aktionäre. Sie müssen nicht alle in dieser Firma arbeiten. Sie erhalten aber einen Anteil am Gewinn. Sie wählen einen Vorstand, der über die Firma bestimmt.

Vorteile für die Schülerfirma:

Alle Schüler und auch Lehrer und Eltern können an der Schülerfirma beteiligt sein. Es kommt mehr Geld zusammen.

2 Stellt euch vor, ihr würdet eine Firma für Autowaschen gründen.
- Welche Rechtsform würdet ihr wählen?
- Wo sind die Vorteile? Welche Nachteile könnte es geben?

Begründet eure Meinung.

Die Schülerfirma als GmbH

**Die Schülerfirma „Weichholz und Hardware“ ist eine GmbH.
Was bedeutet das?**

Jeder Schüler in der Firma ist ein Gesellschafter und nimmt am Anfang an einem Bewerbungsverfahren teil. Jeder Gesellschafter leistet eine einmalige „Einlage“ in das Kapital der Schülerfirma, das heißt, sie zahlen eine bestimmte Summe ein. Diese Summe erhalten sie zurück, wenn sie aus der Firma ausscheiden. Jeder Gesellschafter arbeitet aktiv in der Produktion und in der Organisation der Firma mit. Ein Schulsozialarbeiter und ein Lehrer betreuen die Schülerfirma.

In der Schülerfirma gibt es verschiedene Aufgaben.

Daniel ist der stellvertretende Leiter der Schülerfirma. Er vertritt die Firma nach außen und führt die Bewerbungsgespräche mit neuen Gesellschaftern.

Heiko macht die Buchhaltung. Er führt das Kassenbuch, kümmert sich um die Tageskasse der Firma, schreibt Rechnungen und Mahnungen.

Alen ist für den Einkauf zuständig. Er vergleicht die Preise in verschiedenen Baumärkten, um immer das günstigste Angebot zu finden.

Michael und Justin sind im Verkauf. Sie suchen neue Kunden, die sie von den Produkten der Firma überzeugen, und kümmern sich um ihre Wünsche und manchmal auch um ihre Reklamationen.

1 Welche Fähigkeiten und Eigenschaften braucht man für die verschiedenen Aufgabenbereiche?

Die Arbeit in der Schülerfirma „Weichholz"

Ziel der Schülerfirma „Weichholz und Hardware" ist die Berufsvorbereitung. Aber es wird natürlich auch etwas produziert und verkauft.

Was wird in der Schülerfirma hergestellt?

Die Schüler haben festgestellt, dass viele Leute Handwerker brauchen, die ihnen etwas bauen, reparieren oder restaurieren. Die Abteilung „**Weichholz**" stellt deshalb Gebrauchsgegenstände aus Holz her und verkauft sie. Die Schüler reparieren und restaurieren auch Sachen aus Holz.

Die Schüler bauen Futterhäuschen, Nistkästen, Schuhputzkästen, Fußbänke, CD-Regale, Glücksräder, Spielzeug, Osterdeko, Weihnachtsdeko und Werkzeugkästen. Sie reparieren Stühle, Regale und Holz-Spielzeug.

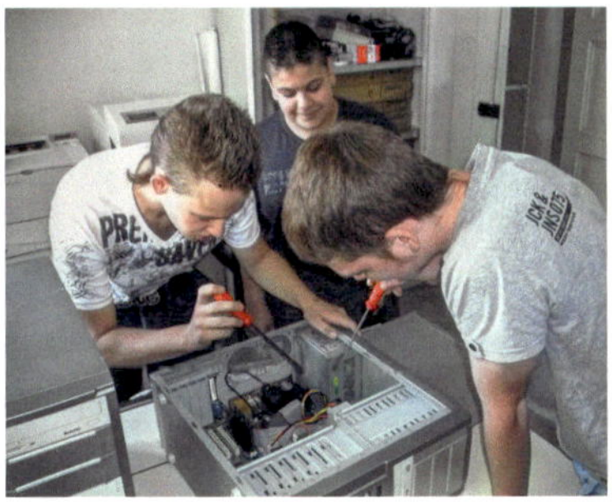

Die Abteilung „**Hardware**" repariert Schüler- und Klassen-Computer. Die Schüler bauen neue und gebrauchte Teile in die Computer ein: CD-ROM/DVD-Laufwerke, Soundkarten, Grafikkarten, Arbeitsspeicher und Festplatten.

1 Was machen die Schüler in der Schülerfirma? Welche Produkte stellen sie her? Schreibe auf.

2 Welche Vorteile kann es haben, wenn du deinen Computer in einer Schülerfirma reparieren lässt?

3 Überlegt, was ihr in eurer Schülerfirma herstellen würdet.

Die Schülerfirma als AG

Die Schülerfirma „Iss gut!" wird in Form einer Aktiengesellschaft (AG) geführt. Was bedeutet das?

Am Anfang wurden Aktien im Wert von je 1 Euro verkauft. Die Schüler und Lehrer, die die Aktien gekauft haben, sind die Aktionäre. Mit dem eingenommenen Geld hat die Firma Lebensmittel, Geräte und sogar eigene Firmenbekleidung gekauft. Ein Lehrer betreut die Organisation der Schülerfirma, eine Lehrerin arbeitet mit den Schülerinnen und Schülern in der Küche und am Buffet.

Welche Bereiche gibt es in dieser Firma?

Die Schülerfirma „Iss gut!" macht Buffets zu Schulfesten, Abschlussfeiern, Lehrerkonferenzen und Geburtstagen.

Bereich Planung

Die Schüler wollen ihre Angebote nach Wünschen der Kunden zusammenstellen. Dazu machen sie eine Umfrage. Sie müssen genau wissen, welche Speisen in welchen Mengen zubereitet werden sollen. Auch die Preise müssen sie kalkulieren.

Bereich Einkauf

Die Schüler schreiben eine Einkaufsliste und besorgen die benötigten Lebensmitte. Beim Einkauf achten sie auf den Preis und die Qualität der Waren.

Die Arbeit in der Schülerfirma „Iss gut!“

Für die nächste Lehrerkonferenz ist ein Buffet geplant.

Bereich Zubereitung

Die Schüler bereiten die gewünschten Speisen zu. Die Kunden haben sich Vorspeiseplatten (aus frischem Obst und Gemüse) und Pizza (mit verschiedenem Belag) gewünscht.

Manchmal werden belegte Brötchen, Obst und Käseplatten oder Gebäck zum Kaffee gewünscht. Die Schüler können auch diese Speisen zubereiten.

Bereich Service

Die Schüler bauen das Buffet auf und betreuen es während der Pause der Konferenz. Die Platten müssen nachgelegt werden. Nach der Konferenz wird das Buffet abgeräumt. Die Schüler müssen alles abräumen, das Geschirr spülen und alles wieder aufräumen.

1 Welche Tätigkeiten in der Firma könnt ihr auf den Bildern erkennen?
In welchem Bereich würdet ihr gern arbeiten?

2 Vergleicht die Firma „Iss gut!“ mit der Firma „Weichholz und Hardware“.
Was ist ähnlich? Was ist unterschiedlich?

Am Anfang ist immer eine Idee

Für eine Schülerfirma braucht man genauso wie für eine richtige Firma eine gute Geschäftsidee.

Was könnte eine gute Geschäftsidee sein?

Auf eine Geschäftsidee kommt man, wenn man überlegt, was die Menschen wirklich brauchen. Was sind ihre Wünsche und Bedürfnisse? Mit einem guten Angebot kann man auf diese Bedürfnisse reagieren. Eine Geschäftsidee kann ein Produkt oder eine Dienstleistung sein. Produkte sind Sachen, die man herstellen und verkaufen kann. Dienstleistungen sind Arbeiten, die man für andere Menschen erledigt. Dienstleistungen sind z. B. das Autowaschen oder das Rasenmähen.

Hier findet ihr eine Ideensammlung von A bis Z:

Auto-/ Motorrad-/ Fahrradwaschdienst • Bistro oder Schülercafé • Buchstützen • Cocktails ohne Alkohol • Computer-Service • Dekorationsartikel • Fahrradreparatur • Fahrradverleih • Filz- und Filzprodukte • Fotobearbeitung am PC • Gartenpflege • Grußkarten gestalten • Holzspielzeug herstellen • Holzmöbel • Kerzen herstellen und gestalten • Mousepads herstellen • Organisation von Tauschbörsen • Partyservice • Pausenversorgung • Reisebüro • Schlüsselanhänger • Schulbedarfskiosk • Schulkino • Schulmilchverkauf • Schulreisebüro • selbstgemachter Schmuck • Sitzkissen nähen • Tanzschule • Taschen aus besonderen Stoffen nähen • Visitenkarten entwerfen und drucken • Vorlesen für ältere Menschen • Wandbemalung (Wände kreativ streichen)

1 Welche Geschäftsideen fallen euch noch ein?

2 Welche der Geschäftsideen sind Produkte und welche Dienstleistungen? Erstelle dazu eine Tabelle. Ordne die Geschäftsideen ein.

Waren	Dienstleistungen
...	...

Tipps für die Gründung einer Schülerfirma

Eine Schülerfirma ist eine gute Chance, viele Fähigkeiten und Fertigkeiten zu erwerben und zu trainieren, die euch im späteren Berufsleben von Nutzen sein können.

1. Findet euch in einer kleinen Gruppe zusammen. Entwickelt eine gemeinsame Geschäftsidee.	☑
2. Sucht euch Unterstützung! Findet einen Lehrer/eine Lehrerin, der/die euch bei eurem Projekt unterstützt und euch in der Schülerfirma betreut.	☐
3. Informiert die Schulleitung. Ist die Schulleitung einverstanden, wird sie euch für eure Arbeit Räumlichkeiten zur Verfügung stellen. Die Schülerfirma ist dann wie eine schulische Veranstaltung.	☐
4. Überlegt euch die Rechtsform für eure Schülerfirma. Soll es eine AG oder doch besser eine GmbH sein? Auf jeden Fall braucht ihr eine passende Satzung*.	☐
5. Richtet ein Geschäftskonto ein. Als beste Möglichkeit hat sich erwiesen, ein Konto auf den Namen eurer Schülerfirma einzurichten und zu vereinbaren, dass ein Lehrer und ein Schüler gemeinsam unterschriftsberechtigt sind.	☐
6. Findet einen Firmennamen. Der Name sollte gemeinsam sorgfältig ausgesucht werden. Beachtet dabei: Er muss kurz sein und unkompliziert auszusprechen. Zu einem Namen gehört auch ein Logo**.	☐
7. Erstellt einen Arbeitsplan. Verschiedene Aufgabenbereiche müssen unter den Mitgliedern der Schülerfirma aufgeteilt werden. Jeder Schüler hat andere Fähigkeiten.	☐

*Eine Satzung ist eine aufgeschriebene rechtliche Ordnung, wenn sich Personen zusammenschließen (z. B. in einer Firma).

**Ein Logo ist ein einprägsames Firmenzeichen. Es kann aus Schrift oder einer Kombination von Buchstaben und Bild bestehen.

Wenn ihr mehr darüber wissen wollt:

www.nebs.de/ASIG_NEBS/Startseite_nebs.php
www.planet-beruf.de/Tipps-Schuelerfirma.10201.0.html
www. netzwerkkoelnerschuelerfirmen.de/

Wege in die Arbeitswelt

Was soll ich nur werden?

Diese Frage hast du dir schon sicher öfter gestellt. Bevor du dich für einen Beruf entscheidest, ist es wichtig, über deine Interessen und Fähigkeiten nachzudenken. Auch ein Besuch im Berufsinformationszentrum (BIZ) kann sehr nützlich sein. Hier erhältst du wichtige Informationen zu deiner Berufswahl und kannst dich bei fachkundigen Mitarbeitern beraten lassen.

1 Hast du schon eine Vorstellung davon, was du beruflich einmal machen möchtest? Welche?

2 Warum ist das wichtig, was das Mädchen rechts unten im Bild sagt?

Hier könnt ihr sehen, welche Wünsche junge Menschen an ihren zukünftigen Beruf haben.

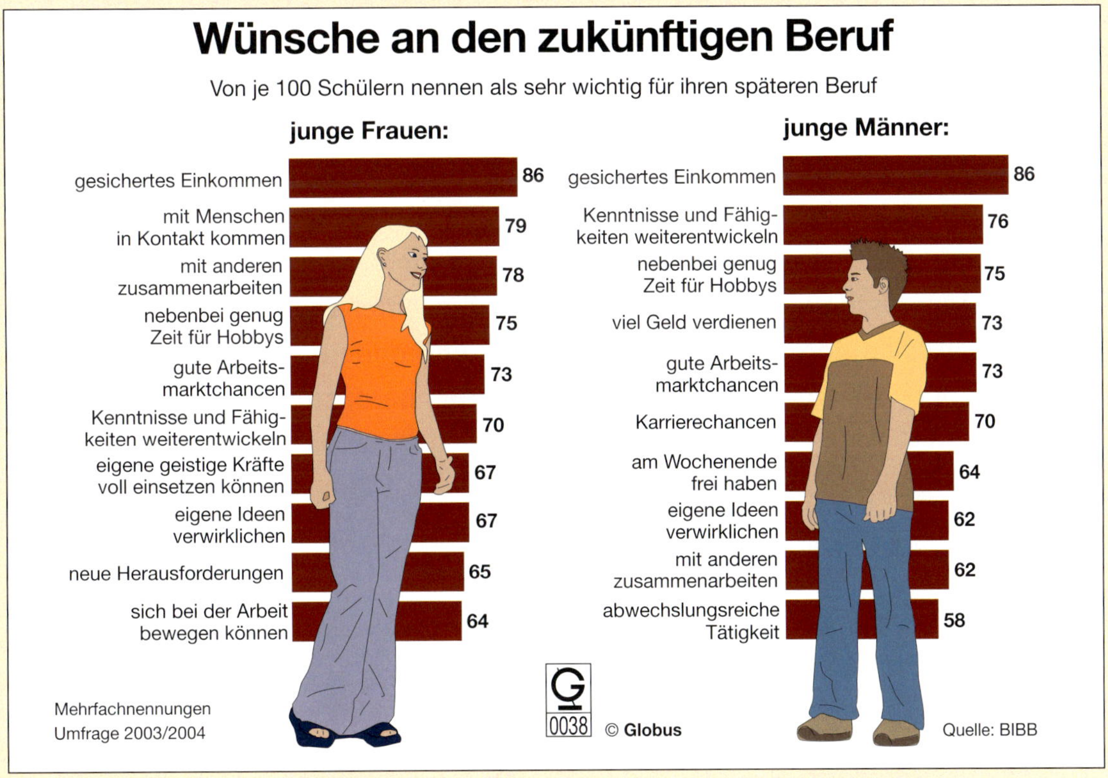

3 Welche Wünsche stehen bei den Jugendlichen an erster Stelle? Welche Bedingungen sind nicht so wichtig?

4 Warum möchtest du arbeiten? Was ist für dich wichtig? Was ist weniger wichtig?

Darum geht es …
In diesem Kapitel lernst du, einen Berufswahlordner anzulegen. Du kannst mit verschiedenen Übungen und Checklisten deine Interessen und Wünsche an den zukünftigen Beruf herausfinden. Du erhältst Informationen über die Schlüsselkompetenzen im Berufsleben und über die Möglichkeiten, wie du deinen Weg nach dem Schulabschluss gestalten kannst.

Der Berufswahlordner

Alles, was dir bei der Berufsorientierung hilft, solltest du in einem Ordner sammeln.

Was ist ein Berufswahlordner?

Der Berufswahlordner besteht aus einem Ordner und wird mit Trennblättern in acht Kapitel unterteilt. In dem Berufswahlordner sammelst du Informationen über Berufe, Beispiele für eine Bewerbung und für einen Lebenslauf oder auch Bescheinigungen oder Zeugnisse aus deinem Praktikum und aus der Schule. Der Berufswahlordner ist wichtig für dich und andere Menschen, die mit dir nach einem passenden Beruf suchen.

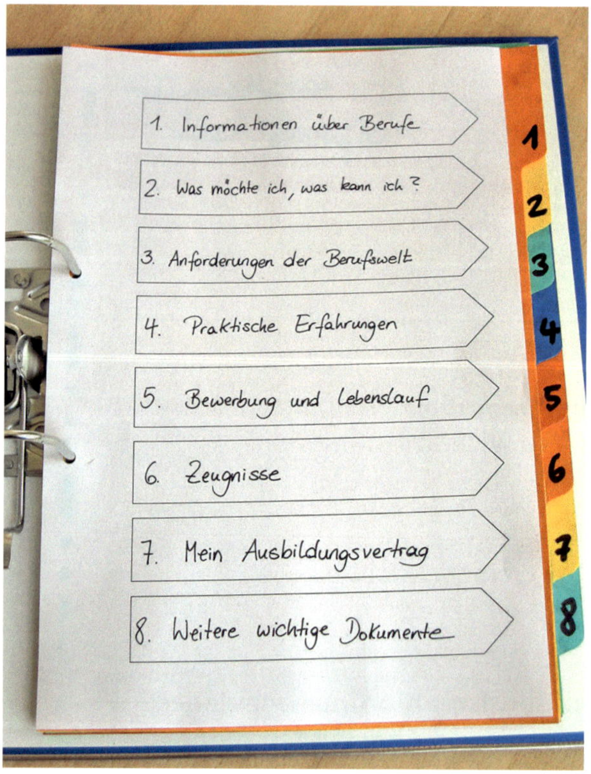

1 a) Was ist ein Berufswahlordner?
b) Warum ist der Berufswahlordner wichtig?

Der Berufswahlordner

So legst du deinen Berufswahlordner an:

- Besorge dir einen Ordner in Din-A4-Format und ein Paket Trennblätter mit acht Unterteilungen.
- Beschrifte den Ordner mit „Berufswahlordner“ und deinem Namen.
- Beschrifte die Trennblätter und fertige ein Deckblatt an.

Ordne in Zukunft deine Unterlagen in den Ordner ein. Dazu gehören auf jeden Fall alle Arbeitsergebnisse, die du hier zum Themenbereich „Berufsorientierung“ erarbeitest. Das sind natürlich auch Unterlagen aus dem Praktikumsbetrieb oder von der Agentur für Arbeit. Es können aber auch Informationen sein, die du selbst recherchiert hast.

Meine Ziele: Was will ich erreichen?

Ich hätte ja einen Wunschberuf, aber dort gibt es kaum Ausbildungsplätze. Ich werde wohl etwas anderes machen müssen.

Ich habe meinen Wunschberuf gefunden. Ich will Maurer werden. Ich werde alles daran setzen, um in diesem Beruf einen Ausbildungsplatz zu bekommen.

Mein Onkel arbeitet als Autoschlosser in einer Werkstatt. Er kann mir eine Ausbildung dort besorgen. Das ist zwar nicht mein Traumberuf, aber wenigstens habe ich dort was.

Wunschberuf?
Das ist doch was für Träumer!
Hauptsache, ich bekomme eine Arbeit, egal welche. Ich mache alles.

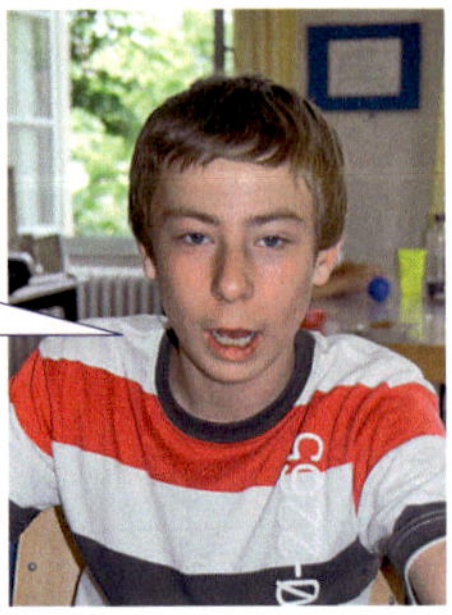

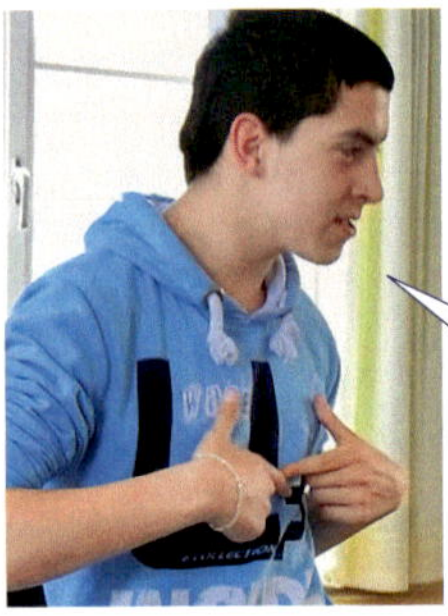

Meinen Wunschberuf kann ich sowieso nicht bekommen.
Wieso soll ich mich also anstrengen?

1 Welche Vorstellungen hast du über deinen Wunschberuf?
- Welche Meinung passt am ehesten zu dir?
- Welche Meinung passt überhaupt nicht zu dir?

Meine Wünsche und Interessen

Einige Vorstellungen und Interessen wirst du in deinem Beruf verwirklichen können. Es ist aber kaum möglich, einen Beruf zu finden, der allen deiner Interessen und Vorstellungen entspricht.

Was ist für dich wichtig?
Was ist weniger wichtig?

- Arbeiten im Team
- Arbeiten im Freien
- Arbeit im Büro / am Computer
- selbstständige Arbeit
- Freude an der Arbeit
- nette Kollegen
- schöner, sauberer Arbeitsplatz
- Abwechslung bei der Arbeit
- Anerkennung, Ansehen
- geregelte Arbeitszeiten
- viel Freizeit
- Einkommen / Gehalt
- Karriere / Aufstiegschancen
- sicherer Arbeitsplatz
- Teilzeitbeschäftigung möglich

2 Lege eine Tabelle an:

a) Suche dir mindestens fünf Punkte aus, die dir für deinen zukünftigen Beruf wichtig sind.
b) Überlege auch, welche Abneigungen du hast oder was du vermeiden möchtest (z. B. Lärmbelastung oder Schmutz am Arbeitsplatz).
Schreibe hierzu mindestens drei Punkte auf.

3 Hefte die Tabelle in deinem Berufswahlordner ab.

Was Lehrlinge können müssen ...

**In allen Berufen sind Fachkenntnisse wichtig:
Zum Beispiel muss ein Tischler hobeln und schleifen können und noch vieles mehr. Es gibt aber Fähigkeiten und Fertigkeiten, die für alle Berufe wichtig sind.**

Welche Fähigkeiten und Fertigkeiten erwarten Betriebe von den Auszubildenden?

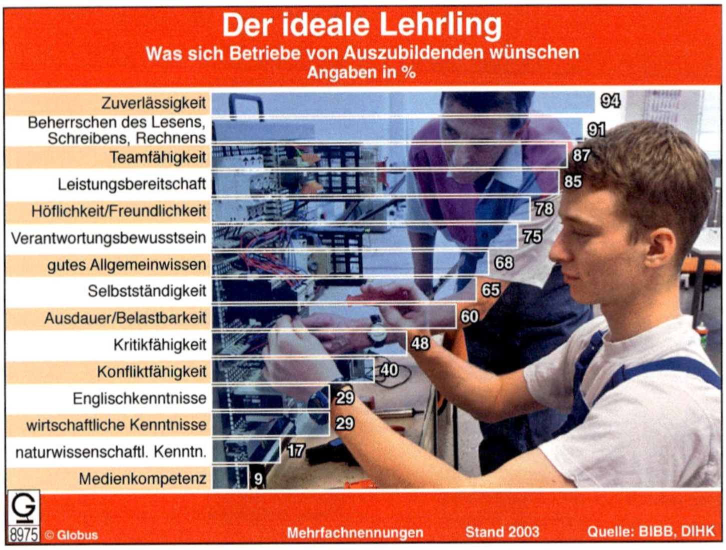

Der Schlüssel zu beruflichem Erfolg

Es gibt Fähigkeiten, die in allen Berufen eine wichtige Rolle spielen. Sie sind der Schlüssel zum Erfolg in Ausbildung und Beruf. Wir nennen sie **Schlüsselkompetenzen**. Dazu gehören folgende Kompetenzen: Fachkompetenz, Methodenkompetenz, Sozial- und Personalkompetenz. **Fachkompetenz** ist die Grundlage jeder beruflichen Betätigung. Sie beinhaltet fachliches Wissen und Können. **Methodenkompetenz** ist wichtig für die Umsetzung der beruflichen Grundlagen. Wie mache ich das? Wen spreche ich an, wie führe ich etwas aus? Das alles gehört dazu. **Sozial- und Personalkompetenz** bezeichnet deine Einstellung zur Arbeit, deine Haltungen sowie den Umgang mit anderen.

Was Lehrlinge können müssen ...

1 Wertet das Schaubild auf Seite 124 gemeinsam aus.
- Welche Eigenschaften und Fähigkeiten sind für Betriebe am wichtigsten?
- Welche sind nicht so wichtig?

2 Ordnet die Fähigkeiten aus dem Schaubild den verschiedenen Kompetenzen zu. Erstellt dazu eine Tabelle.

Fachkompetenz	Methodenkompetenz	Sozial- und Personalkompetenz
Englischkenntnisse	Umgang mit Medien	Teamfähigkeit
(...)	(...)	(...)

3 Arbeite mit einem Partner.

a) Jeder wählt für sich einen Beruf aus.
b) Überlegt gemeinsam, was die einzelnen Schlüsselkompetenzen für diesen Beruf bedeuten.
c) Schreibt dazu Stichworte auf.

So können eure Stichworte zum Beruf Tischler aussehen.

Beruf: Tischler

Ausdauer/Belastbarkeit	Teamfähigkeit	Zuverlässigkeit
> eine Sache bis zum Ende erledigen, z.B. ein Buchregal komplett herstellen	> Arbeitsablauf im Team besprechen	> pünktlich zur Arbeit kommen
> erst aufhören, wenn der Meister zufrieden ist	> sich an die Regeln in der Werkstatt halten	> Termine einhalten
> bis zum Ende sorgfältig arbeiten		(...)

4 Heftet eure Notizen in den Berufswahlordner ab.

Wie weiter nach der Schule?

Du hast 9 oder 10 Jahre Schule hinter dir. Je nachdem, welchen Schulabschluss du erreicht hast und in welchem Bundesland du lebst, gibt es für dich verschiedene Möglichkeiten.

Wie weiter nach der Schule?

Berufsausbildung im dualen System
- Ausbildung in Berufsschule und Betrieb

Dauer: 2 bis 3,5 Jahre

Voraussetzung:
- Förder- oder Hauptschulabschluss
- Ausbildungsplatz in einem Betrieb

Berufseinstiegsjahr / oder Berufsgrundbildungsjahr
- berufliche Grundausbildung in schulischer Form (Vollzeit)

Dauer: 1 Jahr

Voraussetzung:
- Hauptschulabschluss
- für Jugendliche noch ohne Ausbildungsplatz

Berufsvorbereitungsjahr (BVJ)
- für Jugendliche ohne Ausbildungsplatz

Dauer: 1 Jahr
- Einführung in verschiedene Berufsfelder
- Schulunterricht in allen Fächern
- Hauptschulabschluss möglich

Voraussetzung:
- Vermittlung durch die Agentur für Arbeit
- an verschiedenen Standorten möglich (in der Berufsschule oder in einem BBW)

Ausbildung in einem Berufsbildungswerk (BBW)
- für Jugendliche mit besonderem Förderbedarf

Dauer: unterschiedlich
- Berufsvorbereitung und Berufsausbildung
- begleitet und unterstützt durch Sozialpädagogen, Erzieher

Voraussetzung:
- Vermittlung durch die Agentur für Arbeit (REHA-Team)

Jedes Bundesland hat seine Besonderheiten in der Berufsbildung.

1 Erkundige dich und mache dir Notizen:
- Welche Möglichkeiten könnten für dich in Frage kommen?
- Welche Voraussetzungen sind dafür notwendig?

Wie weiter nach der Schule?

Für junge Menschen, die nach der Schule keinen Ausbildungsplatz bekommen haben, gibt es auch noch andere Möglichkeiten. Darüber informiert dich dein Berufsberater bei der Agentur für Arbeit. Es gibt verschiedene Fördermaßnahmen für die Berufsvorbereitung.

Sie heißen Berufsvorbereitende Bildungsmaßnahmen (BvB).

Berufliche Wege, die machbar sind

Lernprobleme?
Keine Ahnung, welcher Beruf der richtige ist?

Dafür sind wir da. Wir zeigen Wege auf, die machbar sind.

Eine Ausbildung im BBW ist für junge Menschen, die nicht Kraft und Durchhaltevermögen für eine Ausbildung in einem freien Betrieb haben. Die Ausbildung findet dann in den BBW-Werkstätten und an unserer Berufsschule statt. Schüler können bei uns auch wohnen. Sie wohnen während der Ausbildung in unserem Internat in unterschiedlichen Wohnformen.

Welche Schüler kommen zu uns?

Unsere Schüler haben in der Regel eine Förderschule besucht und absolvieren im Berufsbildungswerk eine Ausbildung oder eine Berufsvorbereitende Bildungsmaßnahme.

Wir bieten:
Vielfältige Hilfen im täglichen Unterricht und speziell bei der Prüfungsvorbereitung.
Zusätzlicher Förderunterricht gehört ebenso dazu wie das Trainieren von Wahrnehmung, Konzentration und Gedächtnis.

- Bei uns findest du heraus, wo deine besonderen Stärken liegen.
- In unseren Werkstätten kannst du viele verschiedene Berufe kennen lernen.
- Im Theorieunterricht lernst du nützliche Grundkenntnisse für viele Berufe.
- Mit unseren Sozialpädagogen trainierst du Bewerbungen und Vorstellungsgespräche.
- Im Wohnbereich lernst du vieles, was man für den Alltag braucht.
- Zusammen mit deinen Kollegen wird es auch in der Freizeit im BBW nicht langweilig.

(Der Inhalt dieser Broschüre ist frei erfunden. Für die fachliche Unterstützung und Bildbenutzung bedanken wir uns bei der Bundesarbeitsgemeinschaft der Berufsbildungswerke: www.bagbbw.de)

2 Welche Vorteile hat es, an einer Bildungsmaßnahme teilzunehmen?

3 Welche Berufsvorbereitenden Bildungsmaßnahmen gibt es in eurer Umgebung? Sammelt Informationen. Benutzt auch das Internet.

Berufsausbildung im dualen System

Eine Form der beruflichen Ausbildung ist das duale System.

Praktische Ausbildung (Betrieb)

Theoretische Ausbildung (Berufsschule)

Natascha hat Glück: Sie konnte letzten Monat ihre Ausbildung zur Maurerin beginnen. Sie erzählt:

„Mich hat die Arbeit am Bau schon immer interessiert. Deswegen habe ich mich für eine Berufsausbildung zum Maurer entschieden. Zum Glück habe ich einen Ausbildungsplatz in einem Betrieb in der Nachbarstadt bekommen. Zuerst musste ich meinen Ausbildungsvertrag unterschreiben, erst dann konnte ich mich bei der Berufsschule anmelden. Denn an einem Tag der Woche gehe ich nicht in den Betrieb, sondern in die Berufsschule. Hier habe ich weiterhin Unterricht in Schulfächern wie Deutsch, Sport, Sozial- und Wirtschaftskunde. Darüber hinaus habe ich auch spezielle Unterrichtsfächer für Maurer."

**Die Ausbildung von Natascha besteht aus zwei Teilen:
Ausbildung im Betrieb und in der Berufsschule.
Diese Form der Berufsausbildung nennen wir „duales System".**

1 Was erzählt uns Natascha?
Was bedeutet eine Ausbildung im „dualen System"?

2 Informiere dich, welche Berufsschule für deinen Wunschberuf in Frage kommen kann. Notiere die Adresse der Schule.

Das Berufsbildungswerk – BBW

**Yunus hat seine Schulzeit an der Förderschule beendet.
Die Schule ist ihm nicht immer leichtgefallen.
Yunus erzählt:**

„Die Berufsberaterin vom Arbeitsamt hat mir gesagt, dass eine reguläre Ausbildung für mich nicht sinnvoll wäre. Meine Schwierigkeiten beim Lernen und Arbeiten sind einfach zu groß. Außerdem weiß ich noch gar nicht genau, was ich mal werden möchte. So hat mir die Berufsberaterin einen Platz in einem Berufsbildungswerk (BBW) vermittelt. Hier kann ich verschiedene Berufe kennen lernen und ausprobieren. Dabei bekomme ich Unterstützung durch Lehrer und Sozialpädagogen. Wenn ich mich für einen Beruf entschieden habe, kann ich dort auch eine Ausbildung machen. Ich werde dann weiterhin Unterstützung und Hilfe beim Lernen erhalten. Meine Berufsberaterin sagte, wenn ich die Ausbildung im BBW abschließe, habe ich gute Chancen auf eine Anstellung."

BBW – eine gute Chance!

So viele Absolventen von Berufsbildungswerken gehen einer sozialversicherungspflichtigen Beschäftigung nach. Nach dem Abschluss:

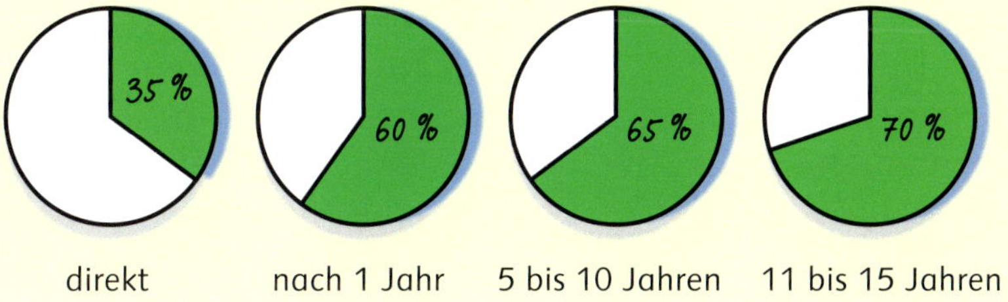

1 – Wie viele junge Menschen finden eine Anstellung direkt nach dem Abschluss der Ausbildung im BBW?
– Wie sieht es aus nach einem Jahr nach dem Abschluss?

2 Informiert euch unter www.bagbbw.de über ein Berufsbildungswerk in eurer Nähe. Heftet die Informationen in euren Berufswahl-Ordner.

Das kann ich!

Auf diesen Seiten kannst du noch einmal:
– deine Wünsche und Interessen überprüfen,
– deine Stärken herausfinden und
– diese mit Berufsanforderungen vergleichen.

1 Teste dich! Nutze beim Test diese Checklisten.

a) Notiere aus jedem Bereich die Überschrift und 3 bis 5 Stichpunkte, die zu dir passen.
b) Hefte das Blatt anschließend in deinen Berufswahlordner.

Ich würde gerne …

- im Büro arbeiten
- im Freien arbeiten
- mit Kindern zu tun haben
- mit anderen Menschen arbeiten
- allein arbeiten
- mit Pflanzen umgehen
- mit Tieren zu tun haben
- körperlich arbeiten
- handwerklich arbeiten
- verkaufen oder beraten
- anderen helfen
- in einem Labor arbeiten
- technisch arbeiten
- mit Computern arbeiten
- Maschinen zusammenbauen
- mit Metall umgehen
- mit Elektrizität zu tun haben
- mit Baumaterialien arbeiten

Ich erwarte von meinem zukünftigen Beruf, …

- dass ich selbstständig arbeiten kann.
- dass ich viel mit Technik zu tun habe.
- dass ich dort zupacken und mich bewegen kann.
- dass er abwechslungsreich ist.
- dass ich nicht den ganzen Tag stillsitzen muss.
- dass ich jeden Tag den gleichen Arbeitsplatz habe.
- dass ich mit Menschen zu tun habe.
- dass ich viel verdiene.
- dass ich kreativ sein kann.
- dass ich jeden Tag etwas dazulerne.
- dass ich im Betrieb viele neue Leute kennen lerne.
- dass ich meine Kleidung tragen kann, wie ich es möchte.

Was ich gerne mache ...

- bauen/basteln
- Material bearbeiten
- kaufen/verkaufen
- bedienen/beraten
- montieren/installieren/reparieren
- pflegen/mich kümmern
- schreiben/organisieren
- Maschinen bedienen
- reinigen/säubern
- prüfen/untersuchen
- mit Computern umgehen
- gestalten/zeichnen
- entwerfen/malen
- Speisen zubereiten/kochen
- Gespräche führen, telefonieren
- Reisen, viel unterwegs sein

Was ich gut kann:

- körperlich arbeiten
- phantasievoll gestalten
- sprechen/mich gut ausdrücken
- logisch denken
- mit anderen Menschen umgehen
- mit anderen Menschen zusammenarbeiten
- gewissenhaft arbeiten
- geschickt arbeiten
- mich in Räumen orientieren
- mich an einem neuen Ort schnell zurechtfinden
- schnell im Kopf rechnen
- anderen verständnisvoll zuhören

2 Welche Stichpunkte treffen für dich zu?
Notiere jeweils 3 bis 5 Stichpunkte.

3 Fallen dir noch weitere Eigenschaften, Fähigkeiten ein?
Schreibe diese ebenfalls auf.

Auf den folgenden Seiten findet ihr Informationen über zwei verschiedene Berufe mit der Beschreibung der jeweiligen beruflichen Anforderungen.

4 Lest die Beschreibungen auf den Seiten 132–133 durch.
Notiert die Berufsanforderungen.

5 Könnte ein Beruf davon für euch in Frage kommen?
Vergleicht dazu die Berufsanforderungen mit euren Notizen (Stichpunkten aus den Checklisten).

Das kann ich!

Hier findet ihr Berufsbeschreibungen aus zwei Berufsfeldern.

http://www.berufe.de

Helfer/in für Tierpflege

Die Tätigkeit im Überblick

Helfer/innen im Bereich Tierpflege arbeiten, z. B. in **Tierheimen** und **Tierpensionen**, in **Zoos** oder bei Betreibern von **Naturparks**. Sie können auch im **Zootiereinzelhandel** beschäftigt werden. Sie führen dort meist **einfachere**, zuarbeitende **Tätigkeiten** aus. Außerdem sind sie in **Tierkliniken** oder Tierarztpraxen sowie in der **Versuchstierpflege** in der Forschung oder in Labors von Chemie- und Pharmaunternehmen tätig.

Zugang und Voraussetzungen

Eine Ausbildung wird nicht vorausgesetzt. Helfer/innen im Bereich Tierpflege werden in der Regel am Arbeitsplatz eingewiesen. Je nach Tätigkeitsbereich können jedoch einschlägige praktische Erfahrungen von Vorteil sein, z. B. in der Versorgung von bzw. im Umgang mit bestimmten Tierarten.

Aufgaben und Tätigkeiten

Sie unterstützen tierpflegerische Fachkräfte beim Versorgen von Tieren. Sie **stellen** auf Anweisung **Futterrationen zusammen**, **füttern** und **tränken** die Tiere. **Tierunterkünfte**, Ställe, Zwinger und Käfige **richten sie her**, misten sie aus und **reinigen** und **desinfizieren** sie bei Bedarf. Je nach Tierbestand helfen sie bei der **Klauen- oder Fellpflege**, bringen Tiere auf Außenanlagen und sorgen dafür, dass dort ausreichend Trinkwasser vorhanden ist. Sie wirken auch bei der **Beschäftigung von Tieren** mit und **beobachten** deren **Verhalten** und Gesundheitszustand. Sind Tiere erkrankt, helfen sie bei deren Betreuung mit. In größeren Stallanlagen bedienen und **reinigen** sie moderne **Maschinen und Geräte** (z. B. Futteranlagen). Wenn die Helfer/innen mit der **Pflege von Versuchstieren in Labors** betraut sind, erledigen sie Zuarbeiten. So beschaffen sie z. B. Futter, Reinigungs- bzw. Desinfektionsmittel, säubern Käfige und entsorgen Einstreu, Abfälle und Sondermüll.

http://www.berufe.de

Der Fahrrad-Kurier

Der Beruf wird auch **Botenfahrer/Botenfahrerin** genannt.

Aufgaben und Tätigkeiten

Vor Beginn ihrer Auslieferungstour **stellen** Botenfahrer/innen **ihre Touren zusammen**.
Sie **nehmen** auszuliefernde **Waren und Lieferscheine** oder Post **entgegen**, prüfen sie auf Vollständigkeit und **beladen ihr Fahrzeug**. Dann fahren sie die Kunden in der geplanten Reihenfolge an und **liefern** die **Sendungen aus**: Sie bringen **Briefe** und **Pakete** an die Haustür oder transportieren **Waren** für den Einzelhandel in die Lagerräume. Nach der Auslieferung lassen sie sich die **Lieferscheine quittieren** oder nehmen Zahlungen entgegen. Wenn sie ihre Tour beendet haben, **entladen sie das Fahrzeug** und leiten abgeholte Waren oder nicht zustellbare Sendungen, Aufträge, Lieferpapiere und Belege an die entsprechenden Stellen weiter.

Zugang und Voraussetzungen

Um diese Tätigkeit ausüben zu können, ist üblicherweise **keine spezielle berufliche Vorbildung** erforderlich, doch kann eine Ausbildung z. B. im Bereich Güterkraft- oder Personenverkehr von Vorteil sein.

Arbeitsbedingungen

Ein hauptberuflicher Fahrradkurier legt bei 10 bis über 35 Aufträgen **pro Tag** zwischen **50** und mehr als **200 Kilometer** zurück. Fahrradkuriere fahren **im Jahr** oftmals **über 20.000 Kilometer** und haben deshalb **einen sehr hohen Energie- und Erholungsbedarf**. Inzwischen gibt es kaum noch reine Fahrradkurierdienste. Die meisten Firmen nutzen Kraftfahrzeuge und die Netzwerke der Over-Night-Dienstleister als Ergänzung und Erweiterung ihres Angebots.

Mein Weg zum Berufseinstieg

Dein Weg zum Berufseinstieg besteht aus drei großen Phasen.

1. Die Orientierungsphase

Zuerst solltest du dir Gedanken machen über deine Interessen und Wünsche an den zukünftigen Beruf. Danach ist es wichtig, deine Stärken herauszufinden, um deine Fähigkeiten für ein bestimmtes Berufsfeld einschätzen zu können. Berufsfelder und Berufe kennen lernen sowie Informationen sammeln gehören ebenfalls in diese Phase.

2. Die Entscheidungsphase

Du machst ein Betriebspraktikum (vielleicht sogar mehrere). Du wirst mit deiner Klasse Arbeitsplätze und Betriebe erkunden. Auch deine Eltern, Bekannten, Freunde kannst du zu ihren Berufen befragen. Jede Information kann dir helfen, für dich eine Entscheidung zu treffen. Wenn du deine Stärken kennst und weißt, welches Berufsfeld zu dir passt, bist du schon auf dem richtigen Weg.

3. Die Bewerbungsphase

Wenn du dich für einen Beruf entschieden hast, dann geht es weiter mit der Suche nach einem geeigneten Ausbildungsplatz. Welcher Betrieb nimmt mich? Wo kann ich eine Ausbildung machen? Jetzt ist die Zeit gekommen, deine ersten Bewerbungen zu schreiben. Es kommt ganz selten vor, dass die ersten Bewerbungen sofort klappen. Oft dauert diese Phase etwas länger und du musst Geduld haben. Es kann auch passieren, dass du deine Entscheidung überprüfen und dich neu orientieren musst.

1 Arbeite mit einem Partner. Befragt euch gegenseitig:

- An welchem Punkt des Weges in den Beruf stehst du?
- In welche Richtung gehen deine Berufswünsche?
- (...)

→ ein Partnerinterview durchführen S. 154

Schritt für Schritt in den Beruf

Sich für einen Beruf zu entscheiden, ist leichter gesagt als getan. Diese sechs Schritte helfen dir auf deinem Weg in den Beruf.

1. **Finde deine Interessen heraus und lerne, deine Fähigkeiten einzuschätzen.**
   > Hilfen dazu findest du im Kapitel zur Berufsorientierung.

2. **Beschaffe dir so viele Informationen wie möglich über Berufe, die deinen Interessen und Fähigkeiten entsprechen.**
   Im Internet, bei Freunden, Familie und Lehrern findest du Hilfe bei deiner Suche nach Informationen über Berufe. Während deines Praktikums erfährst du viel über das Arbeitsleben und sammelst erste Erfahrungen. Auch im BIZ erhältst du viele Tipps zur Berufswahl und Wissenswertes über Berufe.
   > Sammle diese Informationen in deinem ↑ Berufswahlordner.

3. **Nutze Beratungsangebote.**
   Vielleicht hattest du schon einen Termin bei der Berufsberatung. Sonst wirst du vermutlich bald dort einen Termin haben.
   Du kannst auch selbst einen Termin vereinbaren. Die Berufsberatung hilft dir in einem Einzelgespräch, mehr über deine beruflichen Möglichkeiten zu erfahren, und berät dich fachkundig.

4. **Triff eine Entscheidung.**
   Irgendwann kommt der Moment, an dem du dich für einen Beruf entscheiden musst.
   Triff diese Entscheidung möglichst bis zum Beginn deines letzten Schuljahres. Denn auch nach der Entscheidung für einen Beruf gibt es noch viel zu tun.

5. **Erstelle deine Bewerbung.**
   Wie du eine Bewerbung und einen Lebenslauf erstellst, erfährst du in diesem Kapitel.

6. **Bereite dich vor.**
   Bist du zu einem Vorstellungsgespräch eingeladen? Auch hierüber erfährst du mehr in diesem Kapitel.

Terminvereinbarung:
> **telefonisch** unter 01801 555 111 (Festnetzpreis 3,9 ct/Min; Mobilfunkpreise höchstens 42 ct/ Min),
> **online** unter www.arbeitsagentur.de, auf „Kontakt" und dann auf „Berufsberatung" klicken,
> **persönlich** im Eingangsbereich der Arbeitsagentur

Mein Fahrplan: Was ist zu tun?

Hier findet ihr eine Übersicht, wann ihr was erledigen solltet.

Vorletztes Schuljahr | Sommerferien | Letztes Schuljahr

ORIENTIEREN → ENTSCHEIDEN → BEWERBEN → !

Wichtige Termine

Bewerbungsbeginn bei den Großbetrieben
ACHTUNG: Bis zum Herbst sind schon viele dieser Ausbildungsplätze vergeben!

Bewerbungsbeginn bei den kleinen und mittleren Betrieben

Bewerbungsbeginn bei den schulischen Ausbildungen

Gehe zu
www.arbeitsagentur.de
-> KURSNET
-> Allgemeinbildung mit Berufsbezug

Anmeldung an weiterführenden Schulen

Beginn der Ausbildung oder weiterführenden Schule

August/September | Februar | Juli | September | Februar | Juli/August/September

Was kannst du tun

Informieren:
Infos über Berufe und Ausbildungen sammeln, zum Beispiel im BiZ der Arbeitsagentur oder im Internet.
Im BiZ Beratungstermin vereinbaren oder anrufen:
Tel. 01801 / 555 111

Interessen und eigene Stärken herausfinden:
Gespräche mit Eltern und Lehrern, Bekannten und Freunden führen.

Mehrere Berufe in die engere Wahl ziehen!

Frühzeitig nach einem Praktikumsplatz suchen

Die Berufsberatung des BiZ kann dir Lehrstellenangebote vorschlagen und dir Betriebe nennen.

Gehe zu
www.planet-beruf.de
-> Orientieren -> Berufe-Universum
oder klicke auf
www.arbeitsagentur.de
-> BERUFENET
oder klicke auf
www.planet-beruf.de
-> Bewerben
-> Ausbildungsstelle suchen
Und klicke auf
www.planet-beruf.de
-> Bewerben
-> Bewerbungstraining

Bewerbungsunterlagen vorbereiten. Mehrere Adressen von Ausbildungsbetrieben besorgen.

Entscheidungs-Checkliste aufstellen.
Berufsentscheidung treffen!
Für alle Fälle eine Ausweichmöglichkeit überlegen

Die ersten Bewerbungen absenden!

Auf Tests und Vorstellungsgespräche vorbereiten!

Informationsveranstaltungen von weiterführenden Schulen besuchen. Nach Terminen zur Anmeldung fragen!

Absage erhalten?
Bei anderen Betrieben bewerben! Berufsberatung des BiZ aufsuchen

Einladung zum Vorstellungsgespräch erhalten?
Auf das Gespräch vorbereiten

Abschlusszeugnis an weiterführenden Schulen abgeben

Ausbildungsvertrag erhalten!
Unterlagen für den 1. Arbeitstag besorgen

1 Arbeite mit einem Partner.

a) Was habt ihr bereits erledigt?
b) Notiert euch den nächsten Schritt.
Wann solltet ihr ihn erledigen?
c) Kontrolliert von Zeit zu Zeit, was demnächst erledigt werden soll.

→ Hefte diese Notizen in deinen Berufswahlordner.

Die Entscheidungsphase

**Du hast deine Stärken herausgefunden.
Du weißt auch, was dich wirklich interessiert. Jetzt solltest du Berufsfelder und Berufe suchen, die zu deinen Fähigkeiten passen.**

Fallbeispiel 1

Ömer kennt seine Stärken. Er weiß, was ihn interessiert und was er später werden möchte. Sein Wunschberuf ist Maurer. Er hat sein Betriebspraktikum bei einer Baufirma gemacht. Das hat ihm sehr gut gefallen und sein Chef hat ihn auch öfter für seinen Fleiß und Einsatz gelobt. Ömer denkt über seine Möglichkeiten nach.

Name: *Ömer Yurdanur*

Mein Wunschberuf: *Maurer*

Meine Stärken:
- *bin handwerklich geschickt*
- *bin körperlich belastbar*
- *bin gut in Mathematik*

Mein Betriebspraktikum:
2 Wochen im Baubetrieb „Schmidt & Söhne"
gutes Praktikumszeugnis

Mein Ziel:
Ausbildungsplatz in einem Baubetrieb

Meine Möglichkeiten:
- *Hochbaufacharbeiter (2-jährige Ausbildung)*
- *Tiefbaufacharbeiter (2-jährige Ausbildung)*
- *Baufachwerker (3-jährig, BBW)*

Ömer weiß, dass es in dem Berufsfeld „Bauwesen" mehrere Berufe gibt und unterschiedliche Berufsausbildungen möglich sind.

1 Informiert euch im Internet bei www.berufenet.de, welche Ausbildungsberufe es im Bauwesen gibt. Schreibt 3 bis 5 Berufe auf.

Die Entscheidungsphase

Fallbeispiel 2

Helena hat ihr Betriebspraktikum in einem Kindergarten gemacht. Sie mag Kinder und wollte es herausfinden, ob der Beruf Kinderpflegerin zu ihr passt. Sie hat während des Praktikums festgestellt, dass sie mit Kindern doch nicht so gut umgehen kann. Streit und Konflikte unter Kindern konnte sie nicht gut verkraften. Es ist ihr auch schwergefallen, die Anweisungen der Erzieherin immer zu befolgen.

Helena hat sich für einen anderen Beruf entschieden.
Sie erzählt:

„Ich weiß, dass meine Stärken in dem sozialen und pflegerischen Bereich liegen. Ich kann gut zuhören, bin verständnisvoll und habe ein offenes Ohr für die Probleme von anderen Menschen. Als unsere Nachbarin, eine alte Dame, krank war, habe ich sie oft besucht und für sie eingekauft. Es hat mir auch Spaß gemacht, ihr etwas vorzulesen und mich mit ihr zu unterhalten. Ich denke, ich werde mich für die Ausbildung zur Altenpflegehelferin bewerben. Das liegt mir einfach besser."

2 Warum hat sich Helena gegen den Beruf Kinderpflegerin entschieden? Für welchen anderen Beruf hat sie sich entschieden?

3 Informiert euch im Internet bei www.berufenet.de, welche Ausbildungsberufe es im sozialen-pflegerischen Bereich gibt. Schreibt 3 bis 5 Berufe auf.

4 Arbeite mit einem Partner.

a) Erstellt für euch einen Steckbrief über eure Stärken, Interessen und Berufswünsche und füllt den Steckbrief aus.
b) Vergleicht eure Steckbriefe.

Wirb für dich! – deine Bewerbung

**Für einen Ausbildungsplatz musst du dich schriftlich bewerben.
Hier findest du ein Beispiel für ein Anschreiben.**

Tamara Klenze
Baumweg 12
51111 Köln
Tel.: 0221-35032

Köln, den 2.2.2012

Herrn Malermeister
Frank Müller
Waldstr. 14
51112 Köln

Bewerbung um einen Ausbildungsplatz als Maler

Sehr geehrter Herr Müller,

hiermit bewerbe ich mich bei Ihnen um einen Ausbildungsplatz zum kommenden Sommer.
Ich besuche zurzeit die 10. Klasse der Janusz-Korczak-Schule, die ich voraussichtlich im Sommer 2012 mit dem Förderschulabschluss verlassen werde.
In meiner Freizeit habe ich schon oft bei Renovierungsarbeiten geholfen. Ich bin handwerklich geschickt.
Aufgrund meiner Stärken und Interessen bin ich überzeugt, dass ein Beruf im Malerhandwerk zu mir passt.
Über eine Einladung zu einem persönlichen Gespräch würde ich mich sehr freuen.

Mit freundlichen Grüßen

Tamara Klenze

Anlagen:
Lebenslauf
Zeugniskopie

Eine Bewerbung schreiben:
- der Absender ✓
- der Ort, das Datum ✓
- die Adresse ✓
- der Betreff ✓
- die Anrede ✓
- der Textblock ✓
- der Gruß ✓
- die Unterschrift ✓
- die Anlagen ✓

Ein Bewerbungsschreiben hat eine besondere Form.

1 Überlegt gemeinsam: Was gehört in ein Bewerbungsschreiben?

Wirb für dich! – deine Bewerbung

Das solltest du beim Verfassen deines Anschreibens beachten.

Schreibe zunächst, um welche Stelle du dich bewirbst. In welche Klasse, in welche Schule gehst du derzeit? Welchen Schulabschluss wirst du (voraussichtlich) erreichen? Informiere dich über den Betrieb: Es kommt gut an, wenn du in deiner Bewerbung auf Besonderheiten des Betriebes eingehst. Beschreibe deine Interessen und Fähigkeiten: Mache dem Betrieb klar, dass du mit deinen Interessen und Fähigkeiten genau die/der Richtige für die Stelle bist!

Beispiele für mögliche „Eigenwerbung“:

„In meiner Freizeit koche ich häufig und gerne. Meine Freude am Kochen und meine Geschicklichkeit geben mir Gewissheit, dass der Beruf des Beikochs zu mir passt.“

„Mein Praktikum in einer Gärtnerei hat mich davon überzeugt, dass der Beruf des Gärtnergehilfen der richtige für mich ist. Mein Meister war besonders mit meiner Geschicklichkeit, Ausdauer und Lernbereitschaft zufrieden.“

Und hier noch ein paar grundsätzliche Tipps:

- Achte darauf, dass deine Schrift gut lesbar ist.
- Verwende gute Papierqualität, ohne Linien oder Karos.
- Achte unbedingt darauf, dass deine Seiten nicht verknickt oder verschmutzt sind.
- Vergiss nicht, Anschreiben und Lebenslauf zu unterschreiben.
- Halte die Reihenfolge der Seiten ein: Bewerbungsschreiben, Lebenslauf, Zeugniskopie, ggf. Kopien von Bescheinigungen.
- Schreibe die Adresse und den Absender gut lesbar auf den Umschlag. Frankiere den Briefumschlag ausreichend.

Der Lebenslauf – was gehört hinein?

Sascha hat einen Lebenslauf verfasst, in dem vieles steht, was dort nicht hingehört.

Guten Tag,

mein Name ist Sascha Braun. Jch bin 16 Jahre alt und wurde am 20. September 1996 in Köln im Krankenhaus Hohenlind geboren. Meine Mutter heißt Ramona Braun. Mein Vater heißt Fabian Schmitt. Meine Eltern sind nicht verheiratet. Das finde ich echt doof.
Jch habe auch noch eine kleine Schwester. Sie heißt Sarah und ist 13 Jahre alt. Manchmal nervt sie, besonders morgens auf dem Weg zur Schule. Da läuft sie mir mit ihren Freundinnen immer nach, ich glaube, die finden mich gut.
Jch bin ja auch ein cooler Typ. Jch bin sportlich, spiele Fußball im Verein. Jch kann Mofas reparieren, ich glaube, das finden die Mädchen richtig gut. Und ich kann gut mit Computern umgehen, schreibe darauf Texte und kann Tabellen anlegen. Das habe ich in der Schule gelernt.
Zum Thema Schule: Jch war zunächst vier Jahre auf der Grundschule Jnnenstadt, von 2002 bis 2006. Da lief es aber nicht so gut. Als ich zum zweiten Mal eine Klasse wiederholen sollte, haben die Lehrer gesagt, ich sollte auf eine Förderschule wechseln. Das war auch echt gut.
Dort kam ich mit dem Lernstoff viel besser zurecht und fühlte mich direkt wohler. Die Schule heißt übrigens Janusz-Korczak-Schule, das wollen Sie doch sicher wissen, oder?
2013 werde ich voraussichtlich meinen Hauptschulabschluss an der Janusz-Korczak-Schule machen.

1 a) Welche Angaben gehören nicht in einen Lebenslauf?
b) Welche Informationen fehlen für einen vollständigen Lebenslauf?

2 Korrigiert und ergänzt den Lebenslauf für Sascha. Benutzt dafür die Form für einen tabellarischen Lebenslauf.

Der Lebenslauf – was gehört hinein?

Hier seht ihr einen Lebenslauf in tabellarischer Form.

Lebenslauf

Name:	Sascha Braun
Anschrift:	Mauspfad 5 51111 Köln
Geboren:	20.9.1996 in Köln
Schulbildung:	2002–2006 Grundschule Innenstadt seit 2005 Janusz-Korczak-Schule voraussichtlicher Schulabschluss: Hauptschulabschluss im Sommer 2013
Praktika:	2010: zweiwöchiges Praktikum bei Malermeister Müller, Köln 2011: dreiwöchiges Praktikum im Autohaus Winke

Außerschulische Interessen und Kenntnisse:

Kenntnisse:	Computer (Texte schreiben und Tabellen anlegen), Schulkenntnisse in Englisch
Hobbys:	Fußball, Mofas reparieren

Köln, den 2.2.2013

Sascha Braun

Einen Lebenslauf schreiben:
- die Überschrift Lebenslauf ✓
- der Name ✓
- die Anschrift ✓
- geboren ✓
- die Schulbildung ✓
- außerschulische Interessen und Kenntnisse ✓
- der Ort, das Datum ✓
- die Unterschrift ✓

3 Schreibe deinen Lebenslauf in tabellarischer Form.
Wende dabei die Schritte 2 und 3 vom Schreibprofi an. → Schreibprofi Umschlagklappe vorn

4 Fertige deinen Lebenslauf am Computer an.
Kontrolliere ihn mit deiner Lehrerin oder deinem Lehrer auf Richtigkeit.

Das Bewerbungsgespräch

Helena hat sich für eine Ausbildung zur Altenpflegehelferin beworben. Sie wurde zu einem Vorstellungsgespräch eingeladen.

Helena bereitet sich auf das Gespräch vor: Sie informiert sich gründlich über den Ausbildungsbetrieb. Sie findet dazu wichtige Informationen im Internet.

Helena macht sich Notizen für das Gespräch:

Ausbildungsbetrieb: *Seniorenheim St. Albertus*

Adresse: *Degnerstraße 22; 13053 Berlin*

Träger/Firma: *Caritas Altenhilfe Gemeinnützige GmbH*

Internetadresse: *www.caritas-altenhilfe.de*

Mein Ansprechpartner beim Gespräch: *Frau Brigitte Höhner*

Wichtige Angaben zum Betrieb:
- *kirchliche Einrichtung (Konfession: katholisch)*
- *gegründet am: 01. 12. 1970*
- *Leitgedanke des Unternehmens: Unser Ziel ist es, im Sinne der Caritas (lat. Nächstenliebe) zu handeln und wir arbeiten auf der Grundlage des christlichen Menschenbildes.*

Wichtige Angaben zur Ausbildung:
- *Dauer: 1 Jahr (für Altenpfleger 3 Jahre)*
- *Vergütung: ab 650 Euro (Brutto)*

Meine Fragen:
- *Wie viele Auszubildende gibt es bereits im Betrieb?*
- *Wer wird mein Ausbilder sein?*
- *Gibt es eine Mittagsversorgung für die Mitarbeiter?*
- *(...)*

1 Welche Informationen sind wichtig für ein Bewerbungsgespräch? Welche Fragen könnte Helena noch stellen?

Das Bewerbungsgespräch

**Nicht nur der Inhalt des Gespräches ist wichtig.
Es gibt noch weitere Dinge zu beachten.**

So kannst du dich auf das Gespräch vorbereiten:

- Lass dir den Gesprächstermin beim Betrieb schriftlich oder telefonisch bestätigen. Frage nach, wie dein Gesprächspartner beim Vorstellungsgespräch heißen wird. So kannst du sie oder ihn mit dem Namen ansprechen. Das macht einen guten Eindruck!

- Plane deinen Weg. Wie kommst du am besten zum Betrieb?
- Wie lange brauchst du, um dorthin zu gelangen? Plane einen Zeitpuffer von 30 Minuten ein, um nicht in Stress zu geraten.

- Hole dir Informationen über den Betrieb ein: Wie viele Leute arbeiten dort? Welche Bereiche gibt es in dem Betrieb? Wie heißt der Chef? Das Internet ist hier meist eine gute Informationsquelle.

- Überlege dir Fragen, die du beim Vorstellungsgespräch stellen möchtest. Was möchtest du über den Betrieb oder über die Angestellten wissen? Was möchtest du über die Ausbildung dort erfahren?
- Suche dir angemessene Kleidung heraus. Sie muss gepflegt sein, um einen guten Eindruck auf deine Ansprechpartner zu machen.

2 Was ist noch wichtig für die Vorbereitung auf das Bewerbungsgespräch? Erstellt dazu eine Checkliste.

3 Spielt Bewerbungsgespräche in der Klasse als Rollenspiel. → ein Rollenspiel planen und durchführen S. 154

Aktion

Wen würdet ihr einstellen?

Ein großes Gartencenter mit eigener Gärtnerei und Baumschule hat wieder Ausbildungsplätze frei. Die Firma sucht Personal für den Verkauf und für den Bereich Pflanzenpflege. Sie haben viele Bewerbungen bekommen.

1 Arbeitet in Kleingruppen.
Stellt euch vor, ihr seid für die Auswahl der Auszubildenden zuständig.

a) Lest die Notizen zu den einzelnen Bewerbern durch.
b) Stellt eure Auswahlkriterien auf:
Wonach würdet ihr euch entscheiden?
c) Stellt eine Rangliste auf.
d) Vergleicht eure Ergebnisse in der Gruppe.
e) Stellt eure Ergebnisse in der Klasse vor.
Begründet dabei eure Entscheidung.

Leonie

Schulabschluss: Hauptschulabschluss

Zeugnisnoten: Mathematik 3, Deutsch 2

Praktika: zweiwöchiges Praktikum in der Blumenhandlung „Lilie"

Vorstellungsgespräch: pünktlich, wirkt unsicher, stellt keine Fragen zum Beruf

Hobbys: Musik hören, Kino, Internet

Karim

Schulabschluss: Förderschule

Zeugnisnoten: Mathematik 3, Deutsch 4

Praktika: eine Woche in dem Baumarkt „Holzwurm", zwei Wochen im Garten-Zentum „Oase", gutes Praktikumszeugnis (!)

Vorstellungsgespräch: pünktlich, interessiert, stellt passende Fragen zum Beruf

Hobbys/Sonstiges: Judo, Motorrad, wirkt kräftig und selbstsicher

Tim

Schulabschluss: ohne Hauptschulabschluss

Zeugnisnoten: Durchschnittsnote 3,8

Praktika: eine Woche in einer Großküche, zwei Wochen in einer Bäckerei

Vorstellungsgespräch: wirkt sympathisch, stellt einige Fragen, zeigt aber kein Interesse

Hobbys / Sonstiges: Comic lesen, Kino, PC-Spiele, treibt keinen Sport

Peter

Schulabschluss: Hauptschulabschluss

Zeugnisnoten: Mathematik 2, Deutsch 2

Praktika: eine Woche in einem Reisebüro, Mitarbeit in der Schülerfirma (Schulkiosk)

Vorstellungsgespräch: pünktlich, kann sich gut ausdrücken, höflich, stellt gute Fragen

Hobbys / Sonstiges: Musik hören, Basketball, gute Englisch- und PC-Kenntnisse (!)

Jessica

Schulabschluss: Förderschule

Zeugnisnoten: Mathematik 4, Deutsch 3

Praktika: zwei Wochen beim Stadt-Reinigungsbetrieb (Pflege von Parkanlagen)

Vorstellungsgespräch: kommt 10 Minuten zu spät, entschuldigt sich höflich, zeigt sich redegewandt und sehr sicher

Hobbys / Sonstiges: Streetdance, Rappen, Skateboard fahren, wirkt sehr sportlich

Geschafft! Der Ausbildungsvertrag

Du hast nicht aufgegeben und dich immer wieder beworben. Schließlich hast du einen Ausbildungsplatz bekommen. Vor Beginn der Ausbildung musst du einen Vertrag unterschreiben.

Antrag auf Eintragung
in das Verzeichnis der Berufsausbildungsverhältnisse
zum nachfolgenden
Berufsausbildungsvertrag

IHK

Zwischen dem/der Ausbildenden (Ausbildungsbetrieb)

Öffentlicher Dienst

KNR	Firmenident-Nr.	Tel.-Nr.
9T8780	S3741484-987	9711-8624685

Anschrift des/der Ausbildenden (Ausbildungsbetrieb)
Malermeister
Frank Müller

Straße, Haus-Nr.: Königstraße 115
PLZ: 70174 | Ort: Stuttgart
E-Mail-Adresse des/der Ausbildenden: F.Mueller@mal-und-lack.de
Verantwortliche/r Ausbilder/in: Achim Sommer | Geburtsjahr: 07.02.1982

und dem/der Auszubildenden **männlich** ☐ **weiblich** X

Name: Tamara | Vorname: Klenze
Straße, Haus-Nr.: Am Forst 28
PLZ: 70176 | Ort: Stuttgart
Geburtsdatum: 16.05.1996 | Staatsangehörigkeit: deutsch
Gesetzliche/r Vertreter/in[1]
Eltern X Vater ☐ Mutter ☐ Vormund ☐
Namen, Vornamen der gesetzlichen Vertreter: Anita und Dieter Klenze
Straße, Hausnummer: Am Forst 28
PLZ: 70174 | Ort: Stuttgart

wird nachstehender Vertrag zur Ausbildung im Ausbildungsberuf: Maler/in und Lackierer/in
mit der Fachrichtung/dem Schwerpunkt/dem Wahlbaustein etc.: Bauten- und Korrosionsschutz
nach Maßgabe der Ausbildungsordnung[2] geschlossen.

Vom/Von der Auszubildenden besuchte allgemeinbildende Schule
Zuletzt[3]: Förderschule
Abschluss[4]: Hauptschulabschluss

Berufsvorbereitung, berufliche Grundbildung
☐ betriebliche Qualifizierungsmaßnahme ☐ schulisches Berufsgrundbildungsjahr (BGJ)[5]
☐ Berufsvorbereitungsmaßnahme (SGB III) ☐ schulisches Berufsvorbereitungsjahr (BVJ)[5]
☐ Berufsfachschule ohne voll qualifizierenden Berufsabschluss

Zuständige Berufsschule | Berufsfeld

A Die Ausbildungszeit beträgt nach der Ausbildungsordnung 36 Monate.
Die vorausgegangene
☐ schulische Vorbildung
☐ abgeschlossene betriebliche Berufsausbildung als
☐ abgebrochene betriebliche Berufsausbildung als
☐ abgeschlossene Berufsausbildung in schulischer Form mit Abschluss als

wird mit ☐ Monaten angerechnet bzw. es wird eine entsprechende Verkürzung beantragt.
Das Berufsausbildungsverhältnis beginnt am 01.09.2013 und endet am 30.08.2016.

B Die Probezeit (§ 1 Nr. 2) beträgt 3 Monate.[6]

C Die Ausbildung findet vorbehaltlich der Regelungen nach D in

und den mit dem Betriebssitz für die Ausbildung üblicherweise zusammenhängenden Bau-, Montage- und sonstigen Arbeitsstellen statt (§ 3 Nr. 12).

D Ausbildungsma…
(§ 3 Nr. 12) (mit Z…

F Die regelmäßige Ausbildungszeit in Stunden beträgt täglich[8] 8 und/oder wöchentlich
Teilzeitausbildung wird bean…

G Der/die Ausbildende gewährt dem/der Auszubildenden Urlaub nach den geltenden Bestimmungen. Es besteht ein Urlaubsanspruch

Im Jahr	2013	2014	2015	2016	
Werktage	12	36	36	24	
Arbeitstage					

H Hinweise auf anzuwendende Tarifverträge und Betriebsvereinbarungen; sonstige Vereinbarungen:

Die sachliche und zeitlic…
☐ ist beigefügt
☐ liegt der IHK mit Stand vom ☐ vor.

1) Vertretungsberechtigt sind beide Eltern gemeinsam, soweit nicht die Vertretungsberechtigung nur einem Elternteil zusteht. Ist ein Vormund bestellt, so bedarf dieser zum Abschluss des Ausbildungsvertrages der Genehmigung des Vormundschaftsgerichtes.
2) Solange die Ausbildungsordnung nicht erlassen ist, sind gem. § 104 Abs. 1 BBiG die bisherigen Ordnungsmittel anzuwenden
3) besuchte Schule, bitte Schlüssel eintragen: 00 unbekannt, 05 Hauptschule, 06 Polytechnische Oberschule
4) Abschluss, bitte Schlüssel eintragen: 00 unbekannt, 01 Hauptschulabschluss, 02 Qualifizierter Hauptschulabschluss

E Der/Die Ausbildende zahlt dem/der Auszubildenden eine angemessene Vergütung (§ 5); diese beträgt zur Zeit monatlich brutto

€	362	395	508	
im	ersten	zweiten	dritten	vierten

Ausbildungsjahr.
Öffentliche Förderung der Ausbildung (monatlich, regelmäßig, >50% der Kosten): nein ☐
Wenn ja[7]

Der Ausbildungsvertrag:
- Ausbildungsberuf, Beginn und Dauer der Ausbildung ✓
- tägliche Arbeitszeiten, Dauer der Probezeit ✓
- Höhe der Ausbildungsvergütung ✓
- Urlaubsanspruch und Kündigungsregeln ✓

1 Suche die Regelungen zu den folgenden Punkten und schreibe sie auf:
– Wie hoch ist die Ausbildungsvergütung im 1. Jahr?
– Wie viel Werktage Urlaub stehen dir im 2. Jahr zu?

Rechte und Pflichten der Auszubildenden

Das Berufsbildungsgesetz (BBiG) regelt die Rechte und Pflichten der Auszubildenden.

Was ist das BBiG?

In dem Berufsbildungsgesetz sind unter anderem die Durchführung der Ausbildung, die Freistellung für den Berufsschulunterricht und die Rechte und Pflichten geregelt.

2 Welche Rechte und welche Pflichten hast du als Auszubildender?
Erstelle dazu eine Tabelle.
Trage die Sätze in die richtige Spalte ein.

Meine Rechte („das darf ich“)	Meine Pflichten („das muss ich“)
Ich werde für meine Arbeit bezahlt.	*Ich ...*

- Ich beachte die Regeln des Ausbildungsbetriebes.
- Ich befolge die Anweisungen meiner Vorgesetzten.
- Ich erhalte eine Ausbildungsordnung.
- Ich erhalte Urlaub.
- Ich führe ein Berichtsheft.
- Ich gebe keine Betriebsgeheimnisse weiter.
- Ich gehe sorgfältig mit den Werkzeugen, Werkstoffen und Betriebseinrichtungen des Ausbildungsbetriebes um.
- Ich kann während der Probezeit ohne Angabe von Gründen kündigen.
- Ich nehme am Unterricht der Berufsschule teil.
- Ich sage sofort morgens Bescheid, wenn ich krank bin und nicht zur Berufsschule oder in den Betrieb kommen kann.

3 Erkundigt euch über weitere Regelungen.
Hier könnt ihr nützliche Informationen finden:

www.berufenet.de
www.gesetze-im-internet.de/bbig-2005

Gewusst wie!

Wichtige Fähigkeiten in allen Berufen

Es gibt Fähigkeiten, die in fast allen Berufen eine wichtige Rolle spielen. Sie sind der Schlüssel zum Erfolg in Ausbildung und Beruf. Die Tabelle informiert dich über diese Fähigkeiten. Du kannst die Tabelle auch als Check-Liste benutzen.

☺ 😐 ☹ ☐ ☐ ☐	Ausdauer Dazu zählt: Routinearbeiten geduldig erledigen. Ganz gleich, ob du ein Geländer streichst, Kleider nähst oder Salat putzt. Hier ist Ausdauer gefragt. Du bleibst bei der Sache. Und du achtest immer auf die gleiche Qualität.
☺ 😐 ☹ ☐ ☐ ☐	Belastbarkeit Dazu gehört: manchmal besonders viel erledigen zu müssen. Du bleibst auch ruhig, wenn es einmal hektisch zugeht und du verschiedene Aufgaben erledigen musst. Und du kannst deine Aufgaben auch gut erledigen, wenn es schnell gehen muss.
☺ 😐 ☹ ☐ ☐ ☐	Computerkenntnisse Das heißt: einen Computer bedienen und mit einigen Programmen zum Beispiel zur Textverarbeitung umgehen. Wenn technische Probleme auftreten, weißt du, an wen du dich wenden musst. Und du kannst das Internet nutzen.
☺ 😐 ☹ ☐ ☐ ☐	Einsatzbereitschaft Das bedeutet: Aufgaben aktiv und mit voller Kraft erledigen. Du bringst eigene Vorschläge ein. Man kann mit deinem Einsatz rechnen. Qualität und Erfolg der Arbeit sind dir wichtig. Du bist auch mal länger da, wenn es nötig ist. Und du drückst dich auch nicht vor unangenehmen Arbeiten.
☺ 😐 ☹ ☐ ☐ ☐	Flexibilität Das bedeutet: sich gut auf neue Situationen einstellen können und auch kurzfristig bereit sein, neue Aufgaben zu übernehmen. Du bietest dich an oder springst ein, wenn jemand bei der Arbeit oder einem Projekt ausfällt. Und dazu gehört auch, an einem Tag verschiedene Aufgaben zu erledigen.
☺ 😐 ☹ ☐ ☐ ☐	Ideenreichtum Dazu gehört: einen Garten schön anlegen, Geschenke originell verpacken, eine Salatplatte anrichten, ein schickes Kleid nähen, schöne Blumensträuße binden, eine Torte verzieren. Du hast Gespür für Formen und Farben. Du kannst erkennen, was gut zusammenpasst. Und dir fallen auch neue Dinge ein.

Wichtige Fähigkeiten in allen Berufen

☺ ☐	😐 ☐	☹ ☐	**Kontaktfähigkeit** Dazu gehört: zu anderen freundlich sein und ihnen zuzuhören, selbst erzählst du aber auch ein wenig von dir. Du gehst auf andere zu und berücksichtigst ihre Wünsche. Du hast Respekt vor anderen.
☺ ☐	😐 ☐	☹ ☐	**Konzentrationsfähigkeit** Das heißt: bei der Sache sein. Du erledigst deine Aufgaben, ohne an etwas anderes zu denken. Es fällt dir nicht schwer, dich nur auf eine Sache zu konzentrieren. Und du erledigst deine Aufgaben gründlich.
☺ ☐	😐 ☐	☹ ☐	**Lernbereitschaft** Das heißt: bereit sein, Neues zu lernen. In der Schule und der Ausbildung gehört das dazu. Aber auch im Beruf muss man ständig weiterlernen. Du lernst gerne dazu, auch wenn es anstrengend ist und Zeit kostet. Und du bist offen gegenüber Veränderungen.
☺ ☐	😐 ☐	☹ ☐	**Planungsfähigkeit** Das heißt: eine Arbeit oder ein Projekt gut planen und organisieren. Das muss man in fast allen Berufen. Dabei wird überlegt: Was wird gebraucht? Zum Beispiel Räume, Materialien, Werkzeuge. Wer wird gebraucht? Was muss in welcher Zeit erledigt werden? Und wie muss das Ergebnis oder das Produkt aussehen?
☺ ☐	😐 ☐	☹ ☐	**Selbstständigkeit** Das heißt: Aufgaben ohne Anleitung von anderen erledigen, auch Aufgaben selbst zu übernehmen. Wichtig ist, bei Schwierigkeiten zuerst einmal selbst nach Lösungen zu suchen. Und wenn du mal nicht klar kommst, kannst du jemanden fragen und um Hilfe bitten.
☺ ☐	😐 ☐	☹ ☐	**Teamfähigkeit** Das bedeutet: eine Aufgabe oder ein Projekt gemeinsam mit anderen gut durchführen. Man plant gemeinsam, packt zusammen an. Du bringst dich selbst aktiv ein und erledigst deine Aufgaben. Im Team hilft einer dem anderen. Jeder kann sich auf den anderen verlassen. Du fühlst dich für die gemeinsame Arbeit verantwortlich. Und wenn dich mal jemand kritisiert, bist du nicht beleidigt.
☺ ☐	😐 ☐	☹ ☐	**Zuverlässigkeit** Das heißt: man kann sich auf dich verlassen. Du erledigst deine Aufgaben rechtzeitig und aktiv. Auch Pünktlichkeit gehört dazu. Und wenn etwas schief läuft, sagst du Bescheid.

Eine Betriebserkundung planen und durchführen

Darum geht es:

Ihr könnt Einblick in die Arbeit in einem Betrieb bekommen.
Ihr könnt Informationen sammeln über:

- Arbeitsabläufe, Werkstoffe, Werkzeuge in dem Betrieb
- Anforderungen für den jeweiligen Beruf

So könnt ihr vorgehen:

1. Schritt: Vorbereitung

■ Besprecht in der Klasse gemeinsam:
- Welche Betriebe gibt es bei euch in der Nähe?
- Welchen Betrieb wollt ihr erkunden?
- Wie kommt ihr dorthin?

■ Vereinbart einen Termin mit dem Betrieb.

■ Stellt einen Arbeitsplan auf:
- Welche Fragen wollt ihr stellen?
- Wer schreibt die Antworten auf?
- Wer macht Fotos?

2. Schritt: Durchführung

- Geht oder fahrt gemeinsam zu eurem Ziel.
- Denkt an eure Aufgaben.

3. Schritt: Auswertung
Die Ergebnisse präsentieren

■ Gestaltet ein Plakat.
- Was habt ihr über die Arbeit im Betrieb erfahren?
- Welche Informationen habt ihr gesammelt?

■ Wählt Fotos und Info-Materialien aus.
■ Klebt die Fotos und die Materialien auf und beschriftet sie.

Eine Kaufentscheidung treffen

Darum geht es:

Ihr möchtet etwas Teueres (z. B. eine neue Kamera) kaufen.
Ihr wollt beim Kauf des Gerätes eine kluge Entscheidung treffen.

So könnt ihr vorgehen:

■ 1. Schritt: Wir überlegen: Worauf wollen wir beim Kauf achten?

Folgende Sachen können beim Kauf wichtig sein:

- Preis: Wie viel Geld haben wir zur Verfügung?
- Qualität und Funktionen: Was muss das Gerät können?
- Eigenschaften: Wie soll das Gerät aussehen? (Farbe, Größe)
- Handhabung: Soll das Gerät leicht zu bedienen sein?
- Marke: Ist es uns wichtig, ein Markenprodukt zu haben?

■ 2. Schritt: Wir informieren uns

- Im Internet recherchieren
- eine Testzeitschrift lesen
- Im Fachgeschäft sich beraten lassen
- Gütesiegel an Geräten kennen

■ 3. Schritt: Wir vergleichen

Wir prüfen und vergleichen verschiedene Anbieter und Angebote, um die beste Lösung zu finden.

■ 4. Schritt: Wir entscheiden uns

- Wir entscheiden uns für ein Produkt.
- Beim Kauf achten wir auf den Garantieschein.
- Diesen Schein müssen wir gut aufbewahren für den Fall einer späteren Reparatur.

**Vor dem nächsten Kauf könnt ihr nach diesen Schritten vorgehen.
Nach dem Kauf heftet ihr den Garantieschein in euren Lebensordner.**

Das Rollenspiel/ Ein Partnerinterview durchführen

In einem Rollenspiel könnt ihr eine Situation nachspielen.

Ein Rollenspiel planen und durchführen:

- Entscheidet, wer welche Person spielt.
- Überlegt gemeinsam:
  - Was denkt die Person?
  - Was tut die Person?
  - Was sagt die Person?
- Mach euch zu jeder Person Notizen.
- Besprecht gemeinsam wie ihr spielen wollt
- Führt dann das Rollenspiel vor.

➔ Ein Rollenspiel planen und durchführen kannst du auf S. 13, 59, 145.

In einem Partnerinterview könnt ihr euch gegenseitig Fragen stellen und diese beantworten. So könnt ihr euch besser kennen lernen.

Ein Partnerinterview durchführen:

- Schreibt Fragen auf, die euch interessieren.
- Lasst hinter jeder Frage zwei Zeilen frei für die Antworten.
- Stellt euch gegenseitig die Fragen.
  - Mit wie vielen Personen lebst du in einem Haushalt?
  - Wer kocht bei euch? (...)
- Beantwortet die Fragen.
- Schreibt die Antworten auf.
- Stellt eure Ergebnisse in der Klasse vor.

➔ Ein Partnerinterview durchführen kannst du auf S. 135.

Eine Collage gestalten/ Einen Cluster erstellen

Eine Collage ist ein Plakat zu einem bestimmten Thema. Hier kannst du Bilder oder andere Materialien zum Thema auswählen, ordnen und anderen Mitschülern präsentieren.

So könnt ihr vorgehen:

- Schneidet aus Zeitschriften oder Prospekten Bilder aus, die zu dem Thema passen.
- Sammelt auch weitere Materialien dazu.
- Ihr könnt auch etwas dazu zeichnen.
- Ordnet eure Materialien (Bilder,Texte, Sprechblasen) auf dem Plakat.
- Klebt die Materialien auf.

→ Eine Collage gestalten kannst du auf S. 105.

Eure Gedanken zu einem Thema könnt ihr in einem Cluster sammeln.

So könnt ihr vorgehen:

- Nehmt ein Blatt Papier.
- Schreibt in die Mitte das Thema. Kreist das Thema ein.
- Schreibt eure Gedanken zum Thema rundherum. Kreist jeden Gedanken ein.
- Verbindet die Gedanken durch einen Strich mit dem Thema in der Mitte

→ Einen Cluster erstellen kannst du auf S. 35, 49.

Kleines Wirtschaftslexikon

die Arbeitsleistung	Die Arbeitsleistung sagt aus, wie viel und wie gut ein Mensch in seinem Betrieb arbeitet. Diese Leistung ist z. B. davon abhängig, unter welchen Bedingungen er arbeitet und wie motiviert der Arbeiter ist. Wichtig sind auch die Fähigkeiten, die der Arbeiter mitbringt, z. B. gute Zeugnisse oder viel Berufserfahrung.
das Arbeitslosengeld	Arbeitslosengeld erhält derjenige, der keine Arbeit hat und noch nicht 65 Jahre alt ist. Die Arbeitslosigkeit muss bei der Arbeitsagentur angemeldet werden. Vor seiner Arbeitslosigkeit muss er mindestens ein Jahr gearbeitet und Beiträge zur Arbeitslosenversicherung bezahlt haben. Das Geld, was derjenige bekommt, richtet sich danach, wie viel er vorher verdient hat und ob er Kinder hat.
die Ausbildungsvergütung	Am Ende des Monats erhält der/die Auszubildende ein Lehrgeld, das ihn/sie beim Lebensunterhalt unterstützt. Die Höhe des Lehrgeldes richtet sich nach dem Alter und steigt im Laufe der Berufsausbildung an.
Brutto	Brutto ist der Gegensatz zum Netto. Der Begriff stammt aus der italienischen Sprache und bedeutet „gesamt". Es ist der Geldbetrag vor dem Abzug von Steuern und Sozialabgaben.
die Dienstleistung	Menschen nehmen verschiedene Dienstleistungen in Anspruch. Sie gehen zum Frisör, lassen sich in einem Restaurant bedienen oder gehen ins Kino. Für diese Dienste zahlen sie Geld, genauso wie für andere Produkte. Zu den Dienstleistungen gehören Berufe z. B. aus Handel, Verkehr, Hotel- und Gastgewerbe.
der Dispo-Kredit	Er heißt eigentlich Dispositionskredit oder Überziehungskredit. Das bedeutet, dass der Kontobesitzer dieses Konto überziehen darf. Wie weit das Konto überzogen werden darf, wird mit der Bank in einem Vertrag geregelt. In diesem Vertrag steht auch, wie viel Zinsen für das überzogene Konto bezahlt werden müssen.
das Einkommen	Das Einkommen einer Person ist das Geld, was sie in einem bestimmten Zeitraum, meist in einem Monat, erhält. Sie bekommt es z. B. durch Arbeit oder Vermietung eines Hauses, aber auch Urlaubs- oder Kindergeld zählen zum Einkommen. Verfügt die Person über ein geregeltes monatliches Einkommen, kann sie ihren Lebensunterhalt selbst bestreiten. Ist dieses Einkommen zu gering, kann sie beim Staat finanzielle Unterstützung beantragen.
der Export	Export ist das Gegenteil von Import. Als Export bezeichnet man den Verkauf von Waren in andere Staaten. Deutschland exportiert z. B. viele Maschinen und Autos.
die Garantie	Die Garantie ist eine Vereinbarung in einem Kaufvertrag. Der Verkäufer versichert, dass die zu verkaufende Ware zum Zeitpunkt des Kaufes fehlerfrei funktioniert oder eine gewisse Beschaffenheit für eine bestimmte Dauer behält. Es wird auch vereinbart, wie und in welchem Zeitraum das Produkt repariert oder umgetauscht werden kann.

Kleines Wirtschaftslexikon

die Gemeinde	Die Gemeinde oder die Kommune ist eine Gemeinschaft aus ein oder mehreren Orten. Ihre Mitglieder nennt man Bürger oder Einwohner. Die Gemeinde wird von einem Bürgermeister und dem Gemeinderat verwaltet, der von den Bürgern der Gemeinde gewählt wird. Der Gemeinderat bestimmt z. B. über die Höhe der Einnahmen, die die Gemeinde von den Bürgern erhält. Die Gemeinden kümmern sich um ihre Schulen, Spielplätze, Schwimmbäder sowie um den Straßenbau und die Müllabfuhr.
der Gewinn	Eine Schülerfirma hat belegte Brötchen verkauft und dadurch Geld eingenommen (Einnahme). Von diesem Betrag ziehen sie die Kosten für den Einkauf der Lebensmittel ab. Was von der Einnahme übrig bleibt, ist der Gewinn. Nach diesem Prinzip wirtschaften auch die großen Firmen und Betriebe.
das Girokonto	Das Wort „giro" stammt aus der italienischen Sprache und bedeutet Kreis oder Drehung. Wahrscheinlich wird dieser Begriff genutzt, weil das Geld in Bewegung ist. Das bedeutet, der Besitzer eines Girokontos kann ohne Bargeld Geld erhalten und Überweisungen vornehmen. Das Gehalt wird z. B. vom Arbeitgeber auf dieses Konto überwiesen oder die Miete wird von diesem Konto bezahlt.
die Globalisierung	Global bedeutet „weltweit". Unter Globalisierung verstehen wir die „Vernetzung der Welt". Dieser Prozess führt zu immer mehr länderübergreifenden Beziehungen. Der Fortschritt in den Bereichen Transport und Kommunikation hat dazu wesentlich beigetragen.
der Import	Import ist das Gegenteil von Export. Als Import bezeichnet man die Einfuhr von Waren in unseren Staat. Deutschland importiert z. B. Südfrüchte, Reis, Kaffee, Kakao.
die Infrastruktur	Zur Infrastruktur einer Region oder eines Landes gehören die Arbeitskräfte, die Energieversorgung und die Wasserleitungen. Aber auch das Verkehrssystem, wie Straßen, Wasser-, Schienenwege oder Flugplätze, die den Waren- und Personenverkehr ermöglichen, gehören dazu. So gibt es Gebiete mit schwacher Infrastruktur (z. B. eine ländliche Region) oder welche mit einer starken Infrastruktur (z. B. eine Großstadt mit gut ausgebauten Straßen, Autobahnen, Stromleitungen und vielen Telefon- und Datenleitungen).
die Konkurrenz	Das Wort Konkurrenz kommt aus der lateinischen Sprache und bedeutet „zusammenlaufen" oder „um die Wette laufen". In der Wirtschaft bezeichnet Konkurrenz einen Wettbewerb zwischen verschiedenen Anbietern um die Kunden.

Kleines Wirtschaftslexikon

der Konsum	Der Begriff Konsum stammt aus der lateinischen Sprache und bedeutet „verbrauchen". Konsumenten (Verbraucher) kaufen, nutzen oder verzehren Güter. Diese Güter wiederum sind die sogenannten Konsumgüter. Die Konsumgüter können materiell sein (wie z. B. eine Digitalkamera) oder sind Dienstleistungen (wie z. B. ein Haarschnitt beim Frisör oder die Fahrt in einem Bus).
die Kranken-versicherung	Die Krankenversicherung gehört zu den Sozialversicherungen und gibt es schon seit dem Ende des 19. Jahrhunderts. Sie übernimmt die Kosten für eine medizinische Behandlung, sowie Heil- und Hilfsmittel. An die Versicherung werden jeden Monat Beiträge bezahlt – eine Hälfte übernimmt der Arbeitgeber, die andere der Arbeitnehmer. In Deutschland gibt es viele verschiedene Krankenkassen, von denen man sich eine aussuchen kann.
die Lohnkosten	Die Lohnkosten sind das gesamte Geld, was ein Betrieb für alle seine Angestellten als Lohn zahlen muss. Dazu gehören z. B. auch die Sozialabgaben.
die Nachhaltigkeit	Das Prinzip der Nachhaltigkeit besagt, dass wir so handeln sollten, dass unsere Umwelt und unsere Mitmenschen immer mitbedacht werden und die natürlichen Lebensgrundlagen erhalten bleiben. Nachhaltiges Handeln wird in drei Bereiche eingeteilt: die Umwelt und Natur, die Wirtschaft und soziale Aspekte (Mitmenschen). In der Wirtschaft bedeutet es, die Wünsche der heutigen Zeit so zu erfüllen, dass auch für die zukünftigen Generationen genug zum Leben bleibt.
Netto	Der Begriff Netto kommt aus der italienischen Sprache und bedeutet „rein". Der Nettolohn ist das, was der Arbeiter bekommt, wenn die Steuern und Sozialabgaben abgezogen wurden.
die Pflege-versicherung	Die Pflegeversicherung zählt zu den Sozialversicherungen und wurde erst 1995 in Deutschland eingeführt. Sollte jemand im Alter Pflege benötigen, zahlt sie die Kosten für einen Pfleger oder die medizinische Versorgung.
das Recycling	Wenn aus Abfällen wieder Rohstoffe gemacht werden und diese Rohstoffe dann zu neuen Produkten weiterverarbeitet werden, nennt man das Recycling. Besonders gut geeignet zum Wiederverwenden sind Glas, Papier oder Metalle. Je besser diese Rohstoffe vorsortiert werden, umso einfacher und schneller lassen sie sich wieder in den Stoffkreislauf zurückführen. Deshalb gibt es in Deutschland die Mülltrennung.

Kleines Wirtschaftslexikon

die Soziale Marktwirtschaft	In jedem Staat gibt es eine Wirtschaftsordnung, die das Wirtschaftsgeschehen regelt. In Deutschland heißt diese Wirtschaftsordnung „Soziale Marktwirtschaft". In einer Marktwirtschaft werden Waren und Dienstleistungen getauscht. Der Staat hat aber die Aufgabe aufzupassen und dafür zu sorgen, dass der Wettbewerb gerecht abläuft So kann er z. B. soziale Ungerechtigkeit verhindern. Der Begriff „soziale Marktwirtschaft" gibt es in Deutschland seit den 1950-er Jahren.
das Sponsoring	Beim Sponsoring unterstützt ein Unternehmen oder eine Person eine andere Person, eine Organisation oder eine Veranstaltung mit Geld. Als Gegenleistung bekommt das Unternehmen Aufmerksamkeit in den Medien und bei den Konsumenten, wird bekannter und kann mehr von seinem Produkt verkaufen.
der Standort	Wenn sich ein Unternehmen niederlassen möchte, sucht es sich einen Standort nach gewissen Faktoren aus. Dazu gehören z. B. eine gute Verkehrslage, genügend Arbeitskräfte, vorhandene Rohstoffe und Energie oder ein gutes Absatzgebiet. Diese Standortfaktoren beeinflussen den Erfolg des Unternehmens und müssen deshalb sorgfältig bedacht werden.
die Steuer **die Steuern**	Steuern sind Gelder, die genau festgesetzt sind und von allen Bürgern an den Staat gezahlt werden müssen. Mit diesem Geld sorgt der Staat für seine Bürger, z. B. baut er Straßen oder unterstützt Museen.
die Subventionen	Der Begriff kommt von dem lateinischen Wort „subvenire" und bedeutet „zu Hilfe kommen". Es sind Gelder oder Steuervergünstigungen, die der Staat an Unternehmen oder bestimmte Wirtschaftsbereiche (z. B. Bergbau oder Landwirtschaft) verteilt und sie damit unterstützt.
das Unternehmen, die Unternehmen	Als Unternehmen wird in der Marktwirtschaft ein Betriebstyp bezeichnet. Ein Unternehmen kann aus einem oder mehreren Betrieben bestehen. Der Betrieb produziert Güter oder bietet Dienstleistungen an und erwirtschaftet damit Gewinn.
der Wirtschaftsraum	Ein Wirtschaftsraum ist ein geografisches Gebiet, in dem besondere wirtschaftliche Strukturen und Verflechtungen vorherrschen, die es in angrenzenden Wirtschaftsräumen nicht oder andersartig gibt. Der Wirtschaftsraum Nordrhein-Westfalen zeichnet sich z. B. besonders durch die moderne Industrie und ein dichtes Verkehrsnetz aus.

Bildquellen

Titelseite: CORBIS Düsseldorf/ © MontyRakusen/cultura/Corbis; © 3drenderings – Fotolia.com: 106 (Harke); © abcmedia – Fotolia.com: 78 4. v. l.; © Anatoliy Samara – Fotolia.com: 118; © AndersonRise – Fotolia.com: 47 u.; Arbeitsagentur: 134 3. v. o.; © auremar – Fotolia.com: 34 o.; Bauwirtschaft Baden-Württemberg: 128 l.; © Bingold Verpackungen GmbH + Co. KG (www.goldpack.de): 31 r.; © Birgit Reitz-Hofmann – Fotolia.com: 14 r., 84 l. u.; BiZ, der Agentur für Arbeit Nürnberg, Foto: Matthias Klar: 118; © Blackwaterimages – istock: 146 o.; © Bonum-Werkzeuge: 31; © BPW Bergische Achsen KG: 99 m.; © Christian Jung – Fotolia.com: 78 l.; © contrastwerkstatt – Fotolia.com: 54 r. u. (Wdh. 55 2. v. o.); © createve91 – Fotolia.com: 147 u.; © Dominique VERNIER – Fotolia.com: 146 u.; © Edler von Rabenstein – Fotolia.com: 6 o. l. (Wdh. 10); © Eisenhans – Fotolia.com: 97 2. v. o.; © Elenathewise – Fotolia.com: 55 3. v. o.; © Eléonore H. – Fotolia.com: 112 3. v. o.; © fefufoto – Fotolia.com: 95 4. (Wdh. 106); Fink, Christine, Köln: 120, 121, 122, 129, 139, 145; Foobar: 86 o.; © fotopro – Fotolia.com: 134 u.; © galam – Fotolia.com: 139; © Galina Barskaya – Fotolia.com: 55 4. v. o.; © GaToR-GFX – Fotolia.com: 99 2. v. o.; GeoContent GmbH, Magdeburg (http://www.earth-google.de): 72; © Gina Sanders – Fotolia.com: 134 2. v. o.; © goodluz – Fotolia.com: 34 u., 44; Goodluz – shutterstock: 95 a.; © highspeedfotosde – Fotolia.com: 99 2. v. u.; http://www.aerdt.de/aerdt gif gastronomietechnik: 103 3. v. o.; © JackF – Fotolia.com: 100; © Janina Dierks – Fotolia.com: 50 (Wdh. S. 51, 53, 74, 75, 79, 110, 111, 117); © jörn buchheim – Fotolia.com: 98 o.; © Karin Schnirch – Fotolia.com: 97 o.; © Klaus Eppele – Fotolia.com: 112 u.; © Klaus-Peter Adler – Fotolia.com: 84 3x u.; © kryczka – istock: 99 o.; © lassedesignen – Fotolia.com: 78 r. m.; © Leo – Fotolia.com: 54 l. u.; © LianeM – Fotolia.com: 101 2. v. o.; © LVG Maschinen (www.lumag-maschinen.de): 97 3. v. o.; © M. Schuppich – Fotolia.com: 86 u.; © Martina Chmielewski – Fotolia.com: 102 u. 2. v. r. (Wdh. 106); mauritius images/beyond RM: 20 r.; mauritius images/Cultura: 68; mauritius images/imagebroker: 6 u. m. (ulrich niehoff), 20 l. (Val Thoerm); mauritius images/Photononstop: 65; © Marén Wischnewski – Fotolia.com: 78 r. u.; © Meddy Popcorn – Fotolia.com: 147 m.; © mine – Fotolia.com: 84 r. 2. v. o.; © Monkey Business – Fotolia.com: 34 2. v. o. (Wdh. 35 r., 37); Neitram: 106 (Unkrautstecher); © Oleksii Sergieiev – Fotolia.com: 6 u. r.; © olly – Fotolia.com: 95 b.; © PackShot – Fotolia.com: 95 d.; © Peggy Blume – Fotolia.com: 112 o.; Petö, Terezia, Berlin: 12, 105; picture-alliance/Foto: Sven Simon: 54 l. m. (Wdh. 55 u.); picture-alliance/Bildagentur-online/McP-Insadco-A: 21 (Wdh. 54, 55 o.); picture-alliance/dpa/Foto: Peter Wüsteneck: 96 l. m.; picture-alliance/dpa/© dpa: 17 (Foto: Arbeitsagentur Biberach), 103 2. v. o., 128 r. (Foto: Stefan Kiefer); picture-alliance/Süddeutsche Zeitung Photo: 115 (Foto: Andreas Heddergott), 133 (Foto: Stephan Rumpf); picture-alliance/ZB/© dpa: 103 o. (Foto: Jens Wolf), 103 u. (Foto: Jan-Peter Kasper); picture-alliance/ZB/© dpa - Report/Foto: Stephan Rumpf: 132; © Picture-Factory – Fotolia.com: 6 u. l.; Pigulla, Peter, Köln: 84, 87, 95 1., 95 2., 96 r. (Wdh. 106), 98 r. (Wdh. 106), 104, 108, 113; © Poulsons Photography – Fotolia.com: 47 o.; Randy Oostdyk: 86 2. v. o.; © Ro – Fotolia.com: 78 r. o., 102 u. r.; © Robert Kneschke – Fotolia.com: 102 o. l.; © robertoo – Fotolia.com: 78 3. v. l.; © runzelkorn – Fotolia.com: 112 2. v. o.; Schamuhn, Anette, Berlin/Fotos Lüders, Karstadt-Warenhaus AG, SIGMA Elektro GmbH: 64; © seite3 – Fotolia.com: 95 3., 102 u. m. (Wdh. 106); © shock – Fotolia.com: 46 o.; © shootingankauf – Fotolia.com: 134 o.; © Soubrette – istock: 147 o.; © SPA SystemPartnerAutoteile GmbH & Co. KG: 99 u.; © Stefan Körber – Fotolia.com: 102 o. r.; T.A.F.K.A.S.: 101 u.; © Thomas Siepmann – Fotolia.com: 84 r. u.; © toolklickit – Fotolia.com: 34 2. v. u. (Wdh. 35 l., 36); ullstein bild - INTRO / Peter Himsel: 109; © UMA – Fotolia.com: 102 u. 2. v. l.; © unisign: 70; © volff – Fotolia.com: 78 2. v. l.; Wirtz, Peter, Dormagen: 6 o. r. (Wdh. 11, 14 l.), 46 u. (Wdh. 58), 54 r. o., 89, 114 l., 114 r., 143; WLU: 102 u. m.; Zenz, Rainer: 102 u. l. (Wdh. 106)

Illustrationen, Grafiken

Elisabeth Galas, Bad Breisig
Anette Schamuhn, Berlin